कबीर के सौ पद

रवीन्द्रनाथ ठाकुर

अनुवाद एवं सम्पादन
रणजीत साहा

राधाकृष्ण पेपरबैक्स

राधाकृष्ण पेपरबैक्स में
पहला संस्करण : 2024

राधाकृष्ण पेपरबैक्स : उत्कृष्ट साहित्य के जनसुलभ संस्करण

राधाकृष्ण प्रकाशन प्रा. लि.
जी-17, जगतपुरी
दिल्ली-110 051
द्वारा प्रकाशित

शाखाएँ : अशोक राजपथ, साइंस कॉलेज के सामने, पटना-800 006
पहली मंजिल, दरबारी बिल्डिंग, महात्मा गांधी मार्ग, प्रयागराज-211 001
1, अनमोल सोराबजी संतुक लेन, धोबी तलाव, मरीन लाइंस, मुम्बई-400 002
वेबसाइट : www.radhakrishnaprakashan.com
ई-मेल : nfo@radhakrishnaprakashan.com

विकास कम्प्यूटर एंड प्रिंटर्स
ट्रॉनिका सिटी-201 102
द्वारा मुद्रित

मूल्य : ₹299

KABEER KE SAU PAD
Poetry by Ravindranath Thakur
Translated & Edited by Ranjit Saha

ISBN : 978-81-19989-00-3

रवीन्द्रनाथ ठाकुर

रवीन्द्रनाथ ठाकुर का जन्म 7 मई, 1861 को जोड़ासाँको ठाकुरबाड़ी, कलकत्ता, पश्चिम बंगाल में हुआ। उन्होंने स्कूल की पढ़ाई सेंट जेवियर स्कूल से की। लन्दन कॉलेज विश्वविद्यालय, इंग्लैंड में कानून का अध्ययन किया लेकिन 1880 में बिना डिग्री हासिल किए ही वापस आ गए। 1883 में मृणालिनी के साथ विवाह हुआ। 1901 में प्रकृति के सान्निध्य में शान्तिनिकेतन की स्थापना की। विश्वविख्यात कवि, साहित्यकार, दार्शनिक और भारतीय साहित्य के एकमात्र नोबेल पुरस्कार विजेता गुरुदेव रवीन्द्रनाथ ठाकुर बांग्ला साहित्य के माध्यम से भारतीय सांस्कृतिक चेतना में नए प्राण फूँकनेवाले युगद्रष्टा थे। ऐसे एकमात्र कवि जिनकी दो रचनाएँ दो देशों का राष्ट्रगान बनीं–भारत का राष्ट्रगान 'जन गण मन' और बांग्लादेश का राष्ट्रीय गान 'आमार सोनार बांग्ला'। लगभग 50 काव्य-संग्रहों, जिनमें तीन हज़ार से ज़्यादा कविताएँ संकलित हैं; लगभग 42 कहानियों एवं कई महत्त्वपूर्ण नाटकों व उपन्यासों के सृजन का श्रेय उन्हें प्राप्त है। 'पोस्टमास्टर', 'खाता', 'त्याग', 'छुट्टी' और 'काबुलीवाला' उनकी महत्त्वपूर्ण कहानियाँ हैं तो 'वाल्मीकि प्रतिभा', 'कालेर यात्रा', 'राजा ओ रानी', 'विसर्जन', 'मुक्तधारा' और 'रक्तकरबी' प्रमुख नाटक। 'गोरा', 'घरे-बाइरे', 'योगायोग' आदि प्रमुख उपन्यास।

7 अगस्त, 1941 को उनका निधन हुआ।

रणजीत साहा

रणजीत साहा का जन्म 21 जुलाई, 1946 को हुआ। उन्होंने हिन्दी में एम.ए., पी-एच. डी. तथा तुलनात्मक साहित्य एवं ललित कला में भी उपाधियाँ प्राप्त की हैं। दशकों तक साहित्य अकादेमी, नई दिल्ली के उपसचिव पद पर कार्यरत रहे। शोध एवं अनुवाद के क्षेत्र में वे अनेक महत्त्वपूर्ण कार्य कर चुके हैं। उनकी लगभग तीन दर्ज़न पुस्तकें एवं कई शोध आलेख प्रकाशित हैं। उनके द्वारा लिखित कृतियों में 'युगसन्धि के प्रतिमान', 'सहज सिद्ध : साधना एवं सर्जना', 'अमृत राय', 'किरंतन', 'सिद्ध साहित्य : साधन विमर्श' तथा 'चर्यागीति विमर्श' (समालोचना); 'रवीन्द्र मनीषा' एवं 'रवीन्द्रनाथ की कला सृष्टि' के अलावा 'गीतांजलि' का अनुवाद भी सम्मिलित है। समकालीन रोमानियाई कविता का विशिष्ट संकलन 'सच लेता है आकार' कविता के पाठकों द्वारा काफी सराहा गया है। उन्हें रोमानिया दूतावास ने साहित्य के क्षेत्र में 'श्रेष्ठ प्रोत्साहक' (बेस्ट प्रोमोटर) का सम्मान प्रदान किया।

भारतीय भाषा केन्द्र, जवाहरलाल नेहरू वि.वि. से सेवानिवृत्त डॉ. साहा को भारतीय भाषा परिषद्, कोलकाता के 'सेतुबन्ध पुरस्कार', 'अन्तरराष्ट्रीय इंडो-रशियन लिटरेरी सम्मान', 'दिनकर रत्न सम्मान', 'उ.प्र. हिन्दी-उर्दू कमिटी अवार्ड', 'हिन्दी साहित्य सेवी सम्मान' तथा 'काकासाहेब कालेलकर अलंकरण' से सम्मानित किया गया है।

कबीर के सौ पद

क्रम

परिशिष्ट

वन हंड्रेड पोएम्स ऑव कबीर

भारतीय रहस्यवाद के इतिहास में, कविवर कबीर का व्यक्तित्व अत्यन्त आकर्षक और प्रभावशाली रहा है और जिनके पदों का संग्रह पहली बार अंग्रेज़ी के पाठकों के लिए किया जा रहा है। सम्भवत: सन् 1440 ई. के लगभग बनारस के आसपास मुस्लिम माता-पिता के यहाँ उनका जन्म हुआ था। जीवन के आरम्भिक दौर में ही, वे प्रसिद्ध हिन्दू संत स्वामी रामानन्द के शिष्य बन गए थे। बारहवीं सदी के महान धर्मसुधारक रामानुजाचार्य ने धार्मिक पुनरुत्थान की जो धारा दक्षिण में प्रवाहित की थी, उसे उत्तर भारत में प्रचारित करने का श्रेय रामानन्द को जाता है। यह पुनरुत्थान एक सीमा तक परम्परागत हिन्दू धर्म में क्रमश: बढ़ते जाते कर्मकांड के विरुद्ध प्रतिक्रिया थी। साथ ही, यह वेदान्त दर्शन के अतिरेकपूर्ण बुद्धिवाद के विरुद्ध हृदय के माँग की प्रतिष्ठा भी थी। वेदान्त दर्शन में अद्वैतवाद पर अतिरंजित बल दिया गया था। रामानुज के धर्मोपदेशों में इस दर्शन ने विष्णु की उत्कट भक्ति का रूप ग्रहण कर लिया। इस भक्ति में दिव्य सत्ता के वैयक्तिक पक्ष का प्रतिनिधित्व था, प्रेम के उस रहस्यपूर्ण धर्म का प्रतिनिधित्व—जो सर्वत्र आध्यात्मिक संस्कृति के एक स्तर पर जाकर प्रकट होता है और बहुविध दर्शन और मत-मतान्तर जिसके अस्तित्व को विनष्ट नहीं कर पाते।

इस प्रकार के भक्ति के स्रोत हिन्दू धर्म की अपनी परम्परा में अन्तर्निहित हैं। 'भगवद्गीता' के कई श्लोकों में इनका उल्लेख मिलता है। फिर भी भक्ति के इस मध्यकालीन पुनरुत्थान में अनेक विरोधाभासी तत्त्वों का सामंजस्य दिखाई देता है। कहा जाता है कि रामानन्द के माध्यम से यह चेतना कबीर तक पहुँची। ऐसा प्रतीत होता है कि रामानन्द व्यापक धार्मिक संस्कार सम्पन्न व्यक्ति थे और उनमें धर्मप्रचारकों-जैसा उत्साह था। वे जिस कालखंड में विद्यमान थे, उसमें फ़रीदुद्दीन अत्तार, शेख़ सादी, जलालुद्दीन रूमी और हाफ़िज़ सरीखे फ़ारसी रहस्यवादियों के आवेगपूर्ण काव्य और गम्भीर दर्शन भारतीय धार्मिक चिन्तन को गम्भीर रूप से प्रभावित कर रहे थे। उनका सपना था कि वे इस गहन और वैयक्तिक मुस्लिम रहस्यवाद का परम्परागत ब्राह्मणवादी धर्मदर्शन से सामंजस्य स्थापित करें। कुछ विद्वानों का मानना है कि ये दोनों धार्मिक नेता मसीही जीवन और चिन्तन से भी

प्रभावित थे। लेकिन यह ऐसा विषय है कि इस पर अधिकारी विद्वानों ने परस्पर विरोधी विचार प्रकट किये हैं। इसलिए इसे यहाँ विमर्श का विषय नहीं बनाया जा रहा। तो भी हम इतना तो कह सकते हैं कि उनके उपदेशों में गहन आध्यात्मिक संस्कृति को दो—या सम्भवतः तीन—परस्पर विरोधी धाराएँ मिली थीं; वैसे ही, जैसे आरम्भिक मसीही धर्म में यहूदी और यूनानी चिन्तन-धाराएँ एक दूसरे से जा मिली थीं। कबीर की प्रतिभा की यह एक महत्त्वपूर्ण विशेषता है कि उनकी रचनाओं में ये तीनों धाराएँ मिलकर एकाकार हो गई हैं।

कबीर एक महान धर्मसुधारक थे। वे एक ऐसे पथ के प्रतिष्ठाता थे, जिसके अभी भी उत्तर भारत में लाखों हिन्दू अनुयायी हैं। वैसे कबीर की सबसे अधिक प्रसिद्धि एक रहस्यवादी कवि के रूप में है। उनकी प्रकृति यथार्थ का रहस्योद्घाटन करनेवाले अनेक साधकों-जैसी रही। धार्मिक एकान्तिकता से उन्हें चिढ़ थी। वे मानवमात्र की समानता के पक्षधर थे। वे सभी मनुष्यों को स्वतंत्र कर, एक ऐसे लोक में ले जाना चाहते थे, जहाँ उन्हें ईश्वर की सन्तान के रूप में मान्यता मिले। यह भी विडम्बना ही है कि उनके अनुयायियों ने नई जगह पर बाड़ें लगाकर, उनकी स्मृति को सम्मानित किया है, जिन्हें तोड़ने का कबीर ने अथक प्रयास किया था। लेकिन उनकी विलक्षण रचनाएँ अमर हैं। ये उनकी जीवन-दृष्टि और प्रेम की सहज अभिव्यक्ति हैं। इन रचनाओं के माध्यम से वे हमारे हृदय पर अपनी अमिट छाप छोड़ते हैं; उन नीतिपरक उपदेशों के द्वारा नहीं, जो उनके साथ जुड़ गए हैं। उनकी रचनाओं में रहस्यपूर्ण भावनाओं के विपुल विस्तार को अभिव्यक्ति प्राप्त हुई है। ऊँचे-से-ऊँचे अमृत विचार, असीम के प्रति लोकोत्तर मनोवेग से लेकर, ईश्वर के अत्यन्त आत्मीय एवं वैयक्तिक प्रत्यक्षीकरण तक को इसकी परिधि में सँजोया गया है। उसकी सत्ता को गार्हस्थिक रूपकों और धार्मिक प्रतीकों के माध्यम से पूरी तटस्थता और बिना किसी पूर्वग्रह के हिन्दू और मुस्लिम—दोनों ही स्रोतों से लिये गए हैं—अभिव्यक्त किये गए हैं। ऐसे किसी लेखक के बारे में यह कह पाना असम्भव है कि वह ब्राह्मण था या सूफ़ी, वेदान्ती था या वैष्णव। कबीर अपने आपको 'अल्लाह' और 'राम' दोनों की सन्तान बताते रहे। जिस परम सत्ता को वे जानते-मानते और जिसकी साधना करते रहे, उसके सान्निध्य में वे अन्य लोगों को भी ले जाना चाहते थे। उस सत्ता में तमाम आध्यात्मिक कोटियाँ आ जाती हैं, फिर भी वह सबसे परे है। उसे कई तरह से परिभाषित करने का प्रयास किया गया है, फिर भी वह किसी परिभाषा में समग्रतः नहीं समाता। विभिन्न धर्ममतों के आस्थावान अनुयायी, अपनी-अपनी भावना के अनुसार उसे उपलब्ध करते हैं।

कबीर की जीवन-गाथा परस्पर विरोधी किंवदन्तियों से पटी हुई है, जिनमें से किसी पर भी विश्वास नहीं किया जा सकता। इनमें से कुछ हिन्दू स्रोत से आई हैं

तो कुछ मुस्लिम स्रोत से, और इसके आधार पर उन्हें कभी सूफ़ी साधक बताया जाता है तो कभी ब्राह्मण संत। जो भी हो, उनका नाम उनके मुस्लिम परिवार में पैदा होने का अन्तिम प्रमाण है। सबसे सम्भावनापूर्ण कथा वह है, जिसमें उन्हें बनारस के एक जुलाहे का दत्तक पुत्र या पालित सन्तान बताया गया है। उनके जीवन की प्रमुख घटनाएँ बनारस में ही घटित हुईं।

भक्ति मत की समन्वयवादी प्रवृत्तियाँ पन्द्रहवीं सदी तक पूर्णत: विकसित हो चुकी थीं। ऐसी स्थितियाँ बन गई थीं कि सूफ़ी और ब्राह्मण धार्मिक वाद-विवाद में एक दूसरे से मिलते थे। दोनों धर्मों के आध्यात्मिक अनुयायी बहुधा रामानन्द के प्रवचन सुनने जाया करते थे। बालक कबीर ने, जिनमें धार्मिक भावना जन्मजात थी, रामानन्द को अपने भावी गुरु के रूप में देखा। लेकिन वे यह जानते थे कि हिन्दू गुरु द्वारा किसी मुसलमान को शिष्य रूप में स्वीकार किये जाने की गुंजाइश बहुत कम है। इसलिए वे एक दिन चुपचाप गंगा की सीढ़ियों पर लेट गए। रामानन्द उसी घाट पर गंगा स्नान के लिए आया करते थे। सीढ़ियों से उतरते हुए, अचानक उनका पाँव कबीर पर पड़ गया। आश्चर्य से उनके मुख से राम...राम निकल पड़ा। रामानन्द राम के सगुण रूप के भक्त थे। कबीर ने प्रचलित कर दिया कि उन्हें स्वयं रामानन्द के मुख से गुरुमंत्र प्राप्त हो गया है। उन्हें उनके शिष्य के रूप में अनुमति मिल गई है। ब्राह्मण और मुस्लिम समुदायों के कट्टरपंथी लोग इस घटना से काफ़ी नाराज़ हुए क्योंकि इससे उनके धर्मग्रन्थों की अवहेलना होती थी। लेकिन कबीर उनके विरोध के उपरान्त भी अडिग रहे। इस तरह उन्होंने अपने गुरु द्वारा प्रतिपादित धार्मिक समन्वय के सिद्धान्त का व्यावहारिक पक्ष प्रस्तुत किया। इसी सिद्धान्त को रामानन्द विचार के क्षेत्र में स्थापित करने का प्रयास कर रहे थे। ऐसा जान पड़ता है कि अपने जीवन के उत्तरार्द्ध में, जैसी कि दन्तकथा है, कबीर ने झाँसी के प्रसिद्ध सूफ़ी मीर तकी को अपना मुर्शीद मान लिया था, लेकिन अपनी रचनाओं में उन्होंने केवल हिन्दू संत रामानन्द के प्रति ही अपनी कृतज्ञता जताई है।

कबीर के जीवन के बारे में जो थोड़ी-बहुत जानकारी मिलती है, वह इस प्राच्य रहस्यवादी से सम्बन्धित अनेक प्रचलित विचारों के विरोध में पड़ती है। किन-किन प्रस्थानों से गुज़रकर उन्होंने अपने जीवन को अनुशासित किया और उनकी आध्यात्मिक प्रतिभा कैसे विकसित हुई, इन सबकी हमें कोई जानकारी नहीं है। ऐसा प्रतीत होता है कि वे अनेक वर्षों तक रामानन्द के शिष्य रहे। साथ ही, अपने समय के बड़े-बड़े मुल्लाओं और पंडितों से उनके गुरु के जो धार्मिक-दार्शनिक वाद-विवाद होते थे, उनमें कबीर की भी भागेदारी रहती थी। हम कह सकते हैं कि हिन्दू तथा सूफ़ी दर्शन सम्बन्धी शब्दावली से उनका परिचय सम्भवत: इसी स्रोत से हुआ। हिन्दू या सूफ़ी विचारों की परम्परागत शिक्षा उन्होंने कहीं से ग्रहण की

थी या नहीं, इस बारे में अन्तिम रूप से कुछ कहना कठिन है। लेकिन इतना स्पष्ट है कि उन्होंने बतौर जीविका वैरागी का जीवन कभी स्वीकार नहीं किया और ना ही आत्म-दमन किया और न चिन्तन-मनन का जीवन बिताने के लिए दुनिया से नाता तोड़ा। साधना, उपासना और संगीत एवं वाणी में उसकी अभिव्यक्ति (चूँकि कबीर एक अच्छे कवि और संगीत के जानकार भी थे) के साथ ही, वे एक आम बुनकर का श्रमशील जीवन जीते रहे। इन सभी अनुश्रुतियों से इस बात की पुष्टि होती है कि बुनकर कबीर एक सरल और निरक्षर व्यक्ति थे और करघा चलाकर अपनी जीविका चलाते थे। पॉल, बोहेमियन, टेर्स्टिजन-जैसे यूरोपीय रहस्यवादियों की तरह कबीर भी यह जानते थे कि अन्तर्दृष्टि और उद्यम का मेल कैसे किया जा सकता है। हाथ से काम करना उनके भावदीप्त चिन्तन में साधक ही बना, बाधक नहीं। संयम के नाम पर शरीर को तरह-तरह के कष्ट देने से उन्हें चिढ़ थी। वह परम्परागत अर्थ में साधु या संन्यासी नहीं थे। वे विवाहित गृहस्थ थे और अपनी सन्तान के पिता थे। यह एक ऐसी स्थिति थी, जिसे मठाश्रित जीवन पर बल देनेवाली हिन्दू अनुश्रुतियों में या तो छिपाया गया है या फिर उसके बारे में अनावश्यक सफ़ाई दी गई है। दिव्य प्रेम से अनुप्राणित उनके भावपूर्ण पद सामान्य जीवन के अन्तरतम से फूट पड़े हैं। यहाँ उनकी कुछ रचनाएँ उनकी परम्पराश्रुत कथा से मेल खाती हैं। उन्होंने गृहस्थ जीवन तथा दैनन्दिन वर्तमान को महत्त्व दिया है तथा यथार्थ का गुणगान किया है। इसी की विद्यमानता में प्रेम और मुक्ति के अवसर मिलते हैं। उन्होंने उन योगियों की पाखंडी पवित्रता की भर्त्सना की है, जो बड़ी-बड़ी दाढ़ी और जटाजूट रखते हैं और बकरे-जैसे दिखाई देते हैं।[1] साथ ही, उनकी दृष्टि में वे लोग भी निन्दनीय हैं, जो प्रेम, आनन्द एवं सौन्दर्य से परिपूर्ण संसार से पलायन कर जाना आवश्यक समझते हैं, जो मनुष्य के सन्धान का उपयुक्त मंच (रंगभूमि) है, ताकि वह उस परम यथार्थ को खोज सकें, जिसने अपना स्वरूप समस्त संसार में बिखेर रखा है।

ऐसे देशकाल में, इस मनोवृत्ति की दृढ़ता और मौलिकता की धारणा बनाए रखने के लिए संत साहित्य के व्यापक अनुशीलन की आवश्यकता नहीं होगी। पवित्रता की रूढ़िसम्मत धारणा के अनुसार—चाहे उसका सम्बन्ध हिन्दू रूढ़िवाद से हो या इस्लामी कट्टरवाद से—कबीर निश्चय ही धर्मभ्रष्ट थे। सभी तरह के संस्थागत धर्मों और बाह्य विधि-नियम को वे नापसन्द करते थे। कम-से-कम पुरोहित वर्ग में कबीर की पहचान एक ख़तरनाक व्यक्ति के तौर पर होती रही। वे निरन्तर उस 'सहज समाधि' का गुणगान करते रहे, जो आत्मा का कर्तव्य तो है ही, आनन्द भी है। साथ ही, जो कर्मकांड और काया कष्ट से परे है। उनकी स्पष्ट घोषणा थी कि

1. पद संख्या 21, 40, 43, 66, 76

उनका भगवान मन्दिर-मस्जिद या तीर्थ-स्थलों में नहीं मिलता—'ना मैं देवल ना मैं मस्जिद, ना काबे कैलास में।' जिन लोगों ने उसे खोजा, उन्हें अधिक दूर जाने की आवश्यकता नहीं पड़ी। वह तो हर कहीं इस प्रतीक्षा में है कि कोई उसे ढूँढ़े। वह किसी धोबन या बढ़ई के लिए जितनी सहजता से उपलब्ध है, उतना अपने आप को पवित्र बतानेवाले दम्भी-पाखंडी को नहीं।[1] इसलिए निर्मल दृष्टि सम्पन्न इस संत ने हिन्दू-मुस्लिम की धार्मिक भावना से जुड़े पूरे तंत्र की बखिया उधेड़कर रख दी—उन्होंने मन्दिर और मस्जिद, मूर्ति और गंगाजल, धार्मिक पोथियों और पुरोहितों का उपहास उड़ाते हुए कहा, कि ये सब उसी परम तत्त्व के स्थानापन्न हैं। ये सारी-की-सारी एकदम जड़ वस्तुएँ हैं, जो जीव और परमात्मा के बीच अवरोध पैदा करती हैं।

प्रतिमा सकल तो जड़ है भाई, बोले नहीं बोलाय देखा।
पुरान कोरान सबै बात है, या घट का परदा खोल देखा॥[2]

इस प्रकार का आक्षेप कोई संगठित धार्मिक संघ सहन नहीं कर सकता। कबीर का मुख्य कार्य क्षेत्र बनारस ही रहा, जो पुरोहित वर्ग का प्रभाव क्षेत्र था।

इसलिए इस बात पर आश्चर्य नहीं होना चाहिए कि कबीर को काफ़ी उत्पीड़न का सामना करना पड़ा। ऐसी दन्तकथा प्रचलित है कि ब्राह्मणों ने उनके सद्गुणों की परीक्षा लेने के लिए एक परम सुन्दरी वेश्या को भेजा, लेकिन कबीर से सामना होते ही, उसके मन में ईश्वर के प्रति प्रेमभाव उत्पन्न हो गया और वह अपने पतित वेश्या जीवन से विरक्त हो गई। यह घटना बताती है कि धर्म संस्थाओं से जुड़ी ताक़तें कबीर से कितना डरती थीं और कितना नापसन्द करती थीं। बताते हैं कि एक बार उन्होंने चमत्कारी शक्ति से किसी बीमार व्यक्ति को ठीक कर दिया।

यह ख़बर सुनकर उन्हें शहंशाह सिकन्दर लोदी ने बुलवा भेजा और उन पर यह इल्ज़ाम मढ़ा कि उन्होंने अपने आपको इल्हामी (दैवी) शक्ति से कैसे सम्पन्न कर लिया है! लेकिन लोदी एक सभ्य और शालीन शासक था, वह अपने धर्म के पीरों और फ़क़ीरों की ग़ैबी और मनमौजी सनक के मामले में काफ़ी उदार था। चूँकि कबीर जन्म से मुसलमान माने जाते थे, इसलिए वे ब्राह्मण-वर्ग के अधिकार क्षेत्र से बाहर थे। औपचारिक तौर पर उन्हें सूफ़ियों के दायरे में रखा जाता था, जिन्हें ख़ासी धार्मिक छूट मिली हुई थी। इसी कारण कबीर को बरी कर दिया गया। लेकिन उन्हें बनारस से बाहर जाने को कहा गया ताकि बनारस में शान्ति बनी रहे। सम्भवत: यह घटना 1495 ई. की है, जब कबीर की उम्र साठ साल के आसपास

1. पद संख्या 1, 2, 41
2. पद संख्या 42, 65, 67

थी। यह उनके जीवन की अन्तिम लेकिन प्रामाणिक घटना है, जिसकी हमें निश्चित सूचना है। इसके बाद कबीर उत्तर भारत के विभिन्न स्थानों पर घूमते रहे। इस लम्बे प्रवास में वे परमात्मा के दिव्य सन्देश और उनके प्रेम का अनुगायन कर जीवन व्यतीत करते रहे। इस बारे में उन्होंने अपने एक पद में बताया है कि यही उनकी नियति थी। वर्ष 1518 ई. में गोरखपुर के पास, मगहर में उनकी मृत्यु हुई। इस समय वे पर्याप्त वृद्ध हो चुके थे; इतने कमज़ोर और अशक्त थे कि अपने प्रिय पद भी नहीं गा सकते थे।

किंवदन्ती के अनुसार, उनकी मृत्यु के बाद उनके मुस्लिम और हिन्दू शिष्य उनके शव को लेकर लड़ने-झगड़ने लगे। मुसलमान उन्हें दफ़नाना चाहते थे तो हिन्दू जलाना। जब दोनों इस वाद-विवाद में उलझे हुए थे तो कबीर उनके सामने प्रकट हुए और कहा कि कफ़न उठाकर देखो कि इसके नीचे क्या है? उन्होंने ऐसा ही किया और पाया कि शव की जगह पर फूलों की ढेरी है। इनमें से आधे फूल मुसलमानों ने मगहर में दफ़ना दिए और आधे हिन्दू अनुयायी पवित्र नगरी बनारस ले गए ताकि उन्हें जलाया जा सके। यह उस जीवन का बड़ा ही उपयुक्त अन्त था, जिसने दो महान धर्मों के सुन्दरतम सिद्धान्तों को सुवास से भर दिया था।

II

रहस्यवादी काव्य एक ओर यथार्थ-दृष्टि के प्रति स्वभावगत प्रतिक्रिया है तो दूसरी ओर भविष्य कथन का एक रूप भी। यथार्थ के दो स्तरों के बीच मध्यस्थता करना रहस्यवादी चेतना का विशेष उद्देश्य है। दूसरे शब्दों में, भक्ति से अनुप्रेरित ईश्वर की ओर उन्मुख होना और फिर घर लौटकर दूसरे लोगों को पारलौकिक जीवन के रहस्य बतलाना। इसी के अनुरूप इस चेतना की कलात्मक आत्मानुभूति की भी दोहरी भूमिका होती है। यह प्रेम-काव्य है लेकिन ऐसा प्रेम-काव्य, जो प्रायः किसी अभिप्रेत उद्देश्य के लिए, कोई सन्देश देने के लिए रचा जाता है।

कबीर के पद इस प्रकार के हैं, जिनमें भाव-विह्वलता और प्रेमाकुलता एक साथ फूट पड़ती हैं। ये भावप्रवण रचनाएँ साहित्यिक भाषा के बजाय बोलचाल की हिन्दी में व्यक्त की गई हैं, जैसे कि जैकॅपॉन दा तोडी (Jacopon da todi) और रिचार्ड रोले (Richard Rolle) में, जो कि जान-बूझकर आम जन को सम्बोधित हैं, पुरोहित वर्ग को नहीं। कबीर की रचनाओं में जो बिम्ब प्रयुक्त हुए हैं, और जो रूपक गढ़े गए हैं, वे सहज हैं और आम जीवन से गृहीत हैं; इसलिए वे एक प्रकार की सार्वभौम अनुभूति को वाणी देते हैं। यह एक ऐसी विशेषता है, जिसका हम सभी पर प्रभाव पड़े बिना नहीं रहता। आत्मा-परमात्मा के मिलन से जुड़े यथार्थ के

बारे में अपनी गहन आस्था को वे सरलतम रूपकों का प्रयोग कर सम्प्रेषित करते हैं। वे ऐसी इच्छाओं, संवेगों और सम्बन्धों की ओर हमारा ध्यान खींचते हैं, जिन्हें हम सब जानते-समझते हैं; जैसे दुलहा-दुलहन, गुरु-चेला, तीर्थयात्री और प्रवासी पक्षी। उनकी दुनिया में 'प्राकृत' और 'अतिप्राकृत' के बीच कोई घेराबन्दी नहीं है। यहाँ सब कुछ परमात्मा की सृजनात्मक लीला का अंग है, इसलिए उसका सूक्ष्मातिसूक्ष्म वर्णन उस लीला पुरुष के मानस को उद्‌घाटित कर सकता है। बड़े-से-बड़े रहस्यवादियों की सामान्य विशेषता यह होती है कि वे पारलौकिक यथार्थ को एक साधन के नाते अपनाते हुए, इहलौकिक यथार्थ को मान्यता देते हैं। अन्त में, सहज समाधि स्थिति में पहुँचकर उनके लिए विश्व के समस्त पक्ष परमात्मा की उपस्थिति की रहस्यपूर्ण घोषणा करते हैं। वे आध्यात्मिक जीवन को जितना महत्त्व देते हैं, उतना ही घरेलू तथा भौतिक प्रतीकों का भी हैरतअंगेज़ और अनोखा प्रयोग करते हैं—जो इस आस्वाद से अपरिचित हैं, उन्हें ऐसे प्रयोग विस्मयपूर्ण और विद्रोही प्रतीत लगेंगे। महान सूफ़ियों और जैकॅपॉन दा तोडी, रोइसब्रूक, बोह्मे-जैसे ईसाइयों की रचनाओं में इस प्रकार के उदाहरण भरे पड़े हैं। इसलिए कबीर के गीतों में यदि मूर्त और इन्द्रियातीत भाषा में एकरूपता दिखाई दे तो हमें हैरानी नहीं होनी चाहिए। ऐसे स्थलों पर कबीर अपना आनन्दातिरेक प्रकट करते हुए, दूसरे लोगों को भी इसमें सहभागी बनाना चाहते हैं। उस दिव्य सत्ता से मानव-मन के मिलन को वे कभी अत्यन्त मानवीय रूप में चित्रित करते रहे तो कभी अतिशय सूक्ष्म दार्शनिक रूप में—साथ ही, इन दोनों में वे तेज़ी से बदलाव भी करते रहे हैं। इस परिवर्तन की आवश्यकता के साथ जो इसका अनुयोग करता है, उसके चित्त की सम्पूर्ण स्वाभाविकता का स्रोत ईश्वर के स्वरूप के बारे में उसकी धारणा में निहित होता है। थोड़ी-बहुत जानकारी के अभाव में, हम कबीर की रचनाओं में निहित इस धारणा को अधिक दूर तक समझ नहीं सकते।

कबीर सर्वश्रेष्ठ रहस्यवादियों के उस छोटे-से वर्ग के अन्तर्गत आते हैं—जिनमें सेंट ऑगस्टीन, रोइसब्रूक और सूफ़ी साधक जलालुद्दीन रूमी के नाम प्रमुख हैं—जिन्होंने ईश्वर की संश्लिष्ट दृष्टि को प्राप्त कर लिया था। इन सबने दिव्य सत्ता के वैयक्तिक और निर्वैयक्तिक, इन्द्रियातीत और अन्तर्व्यापी, सुस्थिर और गतिशील रूपों के सनातन द्वंद्व को मिटा दिया था। ऊपर से परस्पर विरोधी दिखाई पड़नेवाली इन एक-के-बाद-एक अवधारणाओं को लेकर उन्होंने ऐसा नहीं किया है। आध्यात्मिक सहजज्ञान की ऊँचाई पर आरूढ़ हो वे उस एकमात्र दिव्य सत्ता के साथ मिलकर तदाकार हो गए हैं। यह प्रक्रिया उन्हें एक ऐसा दाय बोध प्रदान करती है, जिसके तीन स्तर हैं—ससीम, असीम और इन दोनों से परे—अर्थात् परमात्मा।[1]

1. पद संख्या 7, 49

कबीर और रोइसब्रूक—दोनों ने इसे स्पष्ट तौर पर स्वीकार किया है। परमात्मा को यहाँ एक अमूर्त कल्पना के रूप में नहीं, वरन् एकमात्र वास्तविकता के रूप में स्वीकार किया गया है। वह सगुण की कालबद्ध, सोपाधिक और ससीम संसार के साथ निर्गुण की कालातीत, निरुपाधिक और असीम संसार को प्रेरित करता है, उसे सहारा देता है। साथ ही, दोनों में अन्तर्व्याप्त है। उपरान्त इसके, वह सगुण और निर्गुण, ससीम और असीम दोनों से अतीत है और दोनों को अतिक्रान्त कर जाता है। वह सर्वव्यापी तत्त्व है, ऐसी अन्तर्व्यापी शक्ति, जिसके अन्तर्गत विभिन्न सृष्टियों की स्थिति छोटे-छोटे मनकों की तरह है। वह परम तत्त्व ही 'प्यारा फ़क़ीर' है, जो हर एक जीव का गुरु है और उसके साथ रहता है। अन्तर्यामी के रूप में वह मन का भी अन्तर्मन है। लेकिन ये सभी विशेषताएँ उसके स्वरूप को अंशत: ही अभिव्यक्त करती हैं। जैसा कि ईसाई त्रयी (त्रित्व, Trinity) के नियम के विश्वासी के लिए, यह एक धर्मशास्त्रीय बन्धन है, जो एक प्रभावी साम्य उपस्थित करता है। यह उस अलग और क्षतिपूरक अनुभवों के साथ ही, वे उस दैवी साम्य (ऐक्य) को ग्रहण करते हैं। रोइसब्रूक उस यथार्थ की भूमि को जिस तरह देखते हैं, 'उस बारे में हम कह सकते हैं कि पिता, पुत्र और पवित्रात्मा—किसी की भी (स्वतंत्र) सत्ता नहीं है—मात्र एक ही सत्ता है, उस दैवी पुरुष का सारतत्त्व। कबीर भी कहते हैं—'ससीम और असीम—इन दोनों से परे वह सीमातीत है—' वह परम तत्त्व (शुद्ध सत्ता—The Pure Being) है।[1]

ब्रह्म एक अनिर्वचनीय तत्त्व है, जिसके सोपाधिक एवं निरुपाधिक-जैसे भेद शब्द मात्र हैं। वह अद्वैतवादी दर्शन का ज्ञानातीत परम पुरुष भी है और जीवात्मा का व्यक्तिगत प्रेमी भी। जैसा कि एक रहस्यवादी का कहना है—'सबके लिए सामान्य और प्रत्येक के लिए विशेष'। कबीर ने यथार्थ का वर्णन करते हुए, इन दोनों पद्धतियों की आवश्यकता का अनुभव किया और यह तथ्य उनकी आध्यात्मिक अनुभूति की समृद्धि एवं सन्तुलन का प्रमाण है। इस अनुभूति को न तो केवल सार्वभौम प्रतीकों से अभिव्यक्त किया जा सकता है, न केवल मानव-सापेक्ष सगुण प्रतीकों से। इसलिए कि ब्रह्म निरपेक्ष से भी निरपेक्ष है और मानव मन से भी कहीं अधिक मानव सापेक्ष है। दर्शन की सभी अवधारणाएँ, हृदय का सारा भावप्रवण स्वत:स्फूर्त अन्तर्ज्ञान ब्रह्म के अन्तर्गत आ जाता है, फिर भी वह इस सबसे बढ़कर है—जो सभी को अतिक्रान्त कर जाता है। वह महान अभिज्ञान है, ऊर्जा का उत्स है, जीवन एवं प्रेम का स्रोत है, कामनाओं का अपूर्व परितोष है। उसका सृजन-शब्द है—ओम—'शाश्वत हाँ'। नकारवादी दर्शन, जो इस दिव्य तत्त्व को समस्त गुणों से वंचित कर देता है, उसे एक प्रकार की रिक्तता में परिणत कर देता है—ऐसे अभावात्मक दर्शन से इस

1. पद संख्या 7

जुझारू कवि को चिढ़ है। इसका कहना है कि 'ब्रह्म कभी अमूर्तन में नहीं मिल सकता।' वह ऐसा पूर्ण प्रेम है, जो सम्पूर्ण विश्व में व्याप्त है। उसे अपनी सम्पूर्णता में वही देख सकता है, जो उसे प्रेम की दृष्टि से देखे। जो उसे इस रूप में जानते हैं, वे इस विश्व के आनन्दमय तथा अनिर्वचनीय रहस्य में हिस्सेदार होते हैं—भले ही वे इसे अपने मुँह से न कह सकें।[1]

कबीर एक ओर दिव्य सत्ता के वैयक्तिक और सार्वभौमिक पक्षों के बीच सामंजस्य स्थापित करते हैं; दूसरी ओर रहस्यवादी कवि को, जिसे तीन विशेष आपदाओं की आशंका घेरे रहती है, उनसे भी साफ़ बच निकलते हैं।

सबसे पहले तो वह अपने आपको अति भावुकता से—विशुद्ध सगुण भक्ति की ओर प्रवृत्त होने से बचा लेता है। विशेष तौर पर उपासना से इसका उद्भव होता है। यथा, भारत में कृष्णोपासना के अतिरंजित रूप में और यूरोप में कुछ ईसाई संतों की भावपूर्ण अतिरंजनाओं में इसका साक्ष्य मिलता है।

दूसरे, वह विशुद्ध अद्वैतवाद के आत्मघाती निष्कर्षों से बचा रहता है। यदि इसके तर्कपूर्ण निहितार्थों पर ज़ोर दिया जाए तो विनाश से बचना असम्भव है। दूसरे शब्दों में, परमात्मा एवं जीवात्मा के बीच की तत्त्वगत एकरूपता पर बल, जिसकी स्वाभाविक परिणति यह होती है कि आत्मा के परमात्मा की सत्ता में निमज्जित होने को आध्यात्मिक जीव का लक्ष्य मान लिया जाता है। पूर्ण अद्वैतवादी के लिए आत्मा का वास्तविक स्वरूप एक सीमा तक समरूप है और अस्तित्व का वास्तविक लक्ष्य यह है कि इस प्रच्छन्न एकरूपता को प्रकट किया जाए। वेदान्त के प्रसिद्ध सूत्र 'तत्त्वमसि' (That art Thou) में इसी ज्ञान को अभिव्यक्त किया गया है। लेकिन कबीर का कहना है कि ब्रह्म और जीव 'सदैव अलग भी हैं और सदैव मिले हुए भी'। ज्ञानी यह जानता है कि आध्यात्मिकता के साथ ही, भौतिक जगत की स्थिति 'पाँव रखनेवाले पीढ़े से अधिक नहीं है।'[2] आत्मा के साथ उसका मिलन प्रेम मिलन है—परस्पर एक साथ रहना। समस्त रहस्यवादी धर्म में मूलतः इस द्वैत सम्बन्ध पर बल दिया गया है, जिसमें व्यक्ति के विलय पर नहीं, और जिसमें व्यक्तित्व विशेष के लिए कोई अवकाश नहीं रहता। जीव और परमात्मा का यह शाश्वत अन्तर विलगाव में भी और रहस्यमय मिलन में भी, स्वाभाविक बना रहता है, जो रहस्यवाद मात्र का अनिवार्य सिद्धान्त है। जिस पद्धति में इस वैशिष्ट्य के लिए कोई स्थान नहीं, क्योंकि वह आध्यात्मिक संसार से आत्मा के सम्पर्क का आंशिक चित्र ही प्रस्तुत कर सकती है। रामानुज ने वैष्णव धर्म में जिस सुधार का उपदेश दिया, उसकी एक महत्त्वपूर्ण विशेषता उक्त मान्यता की स्वीकृति ही थी और यही सिद्धान्त रामानन्द से होता हुआ, कबीर तक पहुँचा।

1. पद संख्या 7, 26, 76, 90
2. पद संख्या 7, 9

वस्तुत: प्रेम के अन्यतम पात्र के रूप में ईश्वर के मानवीय और सहज बोध की कबीर की रचनाओं में अत्यन्त मार्मिक अभिव्यक्ति हुई है। वहाँ वह कभी आत्मा का सहचर है, कभी गुरु तो कभी दूल्हा। यह बोध उन अमूर्त प्रवृत्तियों को सन्तुलित और नियंत्रित करता है, जो उनकी यथार्थ दृष्टि के बौद्धिक-तात्त्विक पक्ष में अतर्निहित है। साथ ही, जो इसे बौद्धिक सूत्रों की निष्प्राण पूजा में भ्रष्ट नहीं होने देता, और जो वेदान्ती सम्प्रदाय के लिए अभिशाप बन गया था। निरे श्रद्धालुओं की तरह वे कोरी धर्मपरायणता का भी अनुमोदन नहीं करते। अविरल प्रेम ही उनका सर्वस्व है, वह उनके परिपूर्ण जीवन का अनन्य स्रोत भी है और ससीम तथा असीम को मिलानेवाला सामान्य कारक भी। सब कुछ प्रेम में निमग्न है और यह प्रेम 'ईश्वर का ही प्रतिरूप है,[1] जिसे वह जोहन्ना वाली भाषा (Johannise Language) में व्यक्त करते हैं।'

सम्पूर्ण सृष्टिलीला पुरुष की प्रणय-लीला है—ब्रह्म के प्रेम और आनन्द की जीवन्त, परिवर्तनशील और उत्तरोत्तर वर्धिष्णु अभिव्यक्ति। चूँकि ये दोनों मनोभाव मानव-सृजन में सर्वोपरि रहते हैं, इसलिए ये सुख-दुख के फंदे से परे ईश्वर की सृजनात्मक गतिविधियों को भी संचालित करते हैं। इनकी अभिव्यक्ति प्रेम है और गतिविधि आनन्द। स्वीकार की एक आनन्दमय क्रिया से सृजन का अकस्मात् उदय होता है। दिव्य सत्ता की अतल गहराइयों से निरन्तर 'ओंकार' की ध्वनि उच्चरित होती रहती है।[2] प्रेमलीला के रूप में, विश्व की इस धारणा के अनुरूप गति, लय और परिवर्तन कबीर की यथार्थ दृष्टि के अविभाज्य अंग हैं। यह प्रेम-लीला निरन्तर आगे की ओर गतिशील रहती है, जिसे ब्रह्म की पुरोगामी अभिव्यक्ति कह सकते हैं। विभिन्न धारणाओं के समान इस अवधारणा को भी कबीर ने हिन्दू धार्मिक विचारों के सामान्य संग्रह से ग्रहण किया और अपनी कवि प्रतिभा के स्पर्श से उद्भासित किया। यद्यपि चिरन्तन और परम तत्त्व उनकी चेतना में निरन्तर उपस्थित रहते हैं, तो भी दिव्य सत्ता के प्रति उनकी चेतना अनिवार्य तौर पर मूलत: गतिशील रही है। प्राय: गतिबिम्बों के माध्यम से ही वे इसे हम तक पहुँचाने का प्रयास करते हैं, जैसा कि उनकी रचनाओं में, विश्व के चिरन्तन झूले का अनोखा और एकदम आधुनिक चित्र देखा जा सकता है, जो प्रेम की डोर से बँधा हुआ है।[3]

रहस्यवादी साहित्य की एक उल्लेख्य विशेषता यह है कि इस दिशा में स्वनामधन्य चिन्तक अतीन्द्रिय सत्ता से अपने मिलन के स्वरूप को जब हमें सम्प्रेषित करने का प्रयास करते हैं तो किसी-न-किसी प्रकार के ऐन्द्रिक बिम्बों का अनिवार्य तौर पर

1. दृष्टव्य : पद संख्या 59, 67, 75, 90, 91
2. पद संख्या 17, 26, 76, 82
3. पद संख्या 16

अनुयोग करते हैं; यद्यपि वे इस तथ्य से अवगत होते हैं कि ये बिम्ब चाहे कितने ही सटीक हों, वे उस यथार्थ को समुचित ढंग से व्यक्त करने में अक्षम और असमर्थ होंगे। हमारी सामान्य मानवीय चेतना इन्द्रियों पर निर्भरता को लेकर इतनी प्रतिबद्ध होती है कि हम अपने अन्तर्ज्ञान की उपलब्धियों के लिए भी सहज भाव से उन्हीं की ओर इंगित करते हैं। रहस्यवादियों को ऐसा प्रतीत होता है कि इस अन्तर्ज्ञान में इन्द्रियों की समस्त अस्पष्ट आकांक्षाओं को, और उनके आंशिक बोध को पूर्ण परितोष मिल जाता है। इसलिए वे बराबर यह घोषणा करते रहते हैं कि उन्हें एक प्रकार का रहस्यमय प्रकाश दिखाई देता है, वे दिव्य संगीत सुनते हैं और उन्होंने परब्रह्म के माधुर्य का स्वाद चखा है। वे एक अनिर्वचनीय सुरभि से अवगत हैं और उन्हें प्रेम के जीवन्त स्पर्श की अनुभूति होती है, जैसी कि नार्विक के जूलियन को अनुभूत हुई थी। वे उन साधकों में थे, जो मनोगत ऐन्द्रिक स्वत:क्रिया विकसित कर लेते हैं। उनके लिए इन्द्रिय और आत्मा के ये समसदृश परस्पर बोध अपने आपको दृष्टि-भ्रम के तौर पर अभिव्यक्त कर सकते हैं। यह प्रतीकों का अतिरंजित नाटकीकरण है, जिसमें रहस्यवादी अपने आध्यात्मिक अन्तर्ज्ञान को बाह्यचेतना के सम्मुख चित्रित करता है, जैसा आलोक सुसो (Suso) द्वारा देखा गया, वह संगीत जो रोले (Rolle) ने सुना, और वह सुरभि, जो सीयेना की कारा में संत कैथेरिन (St. Catherin) तथा घायल अवस्था में दम तोड़ते संत फ्रांसिस और संत टेरेसा (St. Teresa) ने महसूस किया था।

आध्यात्मिक जगत के बारे में कबीर की प्रतिक्रियाएँ बहुत व्यापक एवं बहुविध रहीं। साथ ही, इस तरह के व्यक्तित्व से जिस तरह की आशा की जाती है, बारी-बारी से समस्त ऐन्द्रिक प्रतीकों का उन्होंने प्रयोग किया। हमें यह भी बताया कि 'दृष्टि बिना' ही उन्होंने ब्रह्म का ज्योति-पुंज देखा है, दिव्य अमृत का स्वाद चखा है, यथार्थ का रोमांचक स्पर्श अनुभूत किया है, स्वर्गिक फूलों की ख़ुशबू को सूँघा है। लेकिन कबीर मूलत: एक कवि और पद-गायक थे; उनकी दृष्टि में लय और स्वर माधुर्य—सौन्दर्य और सत्य के परिधान हैं। इसलिए उनके पदों में रिचार्ड रोले (Richard Rolle) जैसा उनका संगीतप्रवण रहस्यवादी रूप सबसे मुखर है। उन्होंने बार-बार कहा है कि सृजन संगीतमय होता है। यह सृष्टि संगीत ही है। विश्व के हृदय में शुभ्र संगीत खिल रहा है। प्रेम से संगीत-रचना होती है, जबकि वैराग्य-संन्यास तो केवल समय काटना है। यह संगीत आवास और आकाश सर्वत्र सुना जा सकता है। सामान्य जन भी इसे अपने कानों से सुन-समझ सकते हैं और संत की दीक्षित श्रवणेन्द्रियाँ भी। हर मानव तन इकतारा है, जिसे 'समस्त संगीत का स्रोत ब्रह्म' बजाता है। यहाँ साधक अपने विशिष्ट इन्द्रिय बोध से उस अभिव्यंजक यथार्थ (सत्य) का अनुभव कर पाता है—यह उसकी विलक्षणता का द्योतक है। वह स्वर्गिक धुन, जो संत फ्रांसिस के लिए देवदूत छेड़ते हैं और वह पवित्र लय, जिसने रोले की आत्मा को भावोल्लास से भर

दिया था।[1] कबीर को सर्वत्र असीम का संगीत (अनहद नाद) सुन पड़ता था। हिन्दू देवमाला के जिस (अवतारी) पुरुष को कबीर ने चुना और निरन्तर जिसका अनुयोग किया—वह है दिव्य वंशीवादक कृष्ण की मूर्ति।[2] वह इस अनिर्वचनीय संगीत को भी अपने चाक्षुष रूप में लयात्मक गति के तौर पर देखते रहे; उस ब्रह्म के सम्मुख विश्व के उस रहस्यपूर्ण नृत्य के रूप में, जो एक साथ उपासना भी है और अन्तर्यामी ईश्वर के असीम हर्षोल्लास की अभिव्यक्ति भी।[3]

तथापि इस विश्व की व्यापक एवं आनन्द विह्वल दृष्टि के कारण कबीर अपने दैनन्दिन अस्तित्व से नाता नहीं तोड़ते। वे सामान्य जीवन-चर्या को कभी नहीं भूलते। उनके पाँव बड़ी मज़बूती से ज़मीन पर टिके रहते हैं। उनकी उदात्त और भावप्रवण अनुभूतियों पर निरन्तर एवं तेजोद्दीप्त विवेक का अंकुश रहता है—एक प्रकार की सतर्क सामान्य बुद्धि का नियंत्रण, जो सच्चे अर्थों में रहस्यवादी प्रतिभा-सम्पन्न लोगों में प्राय: दिखाई देती है। सरलता और सहजता के निरन्तर आग्रही, सभी प्रकार की अमूर्तताओं और शास्त्रीयता के प्रति उपेक्षा भाव, धार्मिक बाह्याडम्बर की घोर निन्दा—ये कबीर की कुछ उल्लेखनीय विशेषताएँ हैं।[4] ईश्वर मूल है, जहाँ से समस्त भौतिक अभिव्यक्तियाँ उत्पन्न होती हैं और मनुष्यों की एकमात्र आवश्यकता है ईश्वर—'मूल को ग्रहण करने पर सारे सुख तेरे होंगे।'[5] इसलिए जो लोग अपना ध्यान उस सर्वाधिक आवश्यक तत्त्व पर रखते हैं, उनके लिए नाम-उपाधि, मत-सिद्धान्त, विधि-नियम, दार्शनिक निष्कर्ष, तपश्चर्या के नियम-अनुशासन आदि सापेक्षिक दृष्टि से कोई महत्त्व नहीं रखते। वे केवल विभिन्न दृष्टियों का प्रतिनिधित्व करते हैं, जिसके माध्यम से जीवात्मा और परमात्मा (ब्रह्म) का मिलन सम्भव होता है—और यह मिलन ही उसका लक्ष्य है। उनका उपयोग वहीं तक है, जहाँ तक वे इसकी परिपूर्णता में योग दें। कबीर में विभिन्न दृष्टियों से सार-संग्रह की भावना इतनी दृढ़ और सम्पूर्ण है कि वे कभी वेदान्ती जान पड़ते हैं तो कभी वैष्णव, कभी सर्वात्मवादी दिखाई देते हैं तो कभी लोकोत्तरवादी, कभी ब्राह्मण (ब्रह्मवादी) प्रतीत होते हैं तो कभी सूफ़ी। उस अनिर्वचनीय अनुभव की सच्चाई का बखान करते समय—ऐसी सच्चाई, जो अपनी व्याप्ति के उपरान्त भी, हमारे इतने निकट है और जो उनके जीवन को नियंत्रित करती है। कबीर प्रचंड भाव से तथा परस्पर विरोधी मतवादों से गृहीत प्रतीकों और विचारों को ग्रहण कर एक में गूँथ देते हैं, जैसे कि अपने चरखे पर उन्होंने विभिन्न रंगों के धागों को

---

1. पद संख्या 17, 18, 39, 41, 54, 76, 83, 89, 97
2. पद संख्या 50, 53, 68
3. पद संख्या 26, 32, 76
4. पद संख्या 75, 78, 80, 90
5. पद संख्या 80

बुना होगा। अगर कभी उस एकमात्र परमतत्त्व का स्वरूप निर्धारित करना हो तो इन सभी की ज़रूरत पड़ेगी—उस परमतत्त्व का स्वरूप-निर्देश, जिसे उपनिषदों में सूर्य प्रकाशवत् बताया गया है, जो इस अन्धकार से परे है : क्योंकि यदि हमें सफ़ेद रंग को अपने सहज वैभव में दिखाना हो तो सम्पूर्ण रंगावली की आवश्यकता होगी। इसी प्रकार कबीर परम्परागत उपादानों को अपने उपयोग के अनुरूप गढ़ते हुए, ऐसी पद्धति अपनाते हैं, जो सभी रहस्यवादियों में समान रूप से पाई जाती है। वे सभी रूपगत मौलिकता के प्रति विशेष अनुराग शायद ही प्रकट करते हैं। उनके हाथ में जब जो पात्र आए, वे उसमें अपनी सुधा (सुरा) उड़ेल दिया करते हैं। साधारणत: वे अपने समय में प्रचलित दार्शनिक सूत्रों को अधिक महत्त्व देते हैं और उन्हें सौन्दर्य तथा सार्थकता के उच्चतर स्तर तक ले जाते हैं। इसलिए हम देख पाते हैं कि कबीर की कुछ श्रेष्ठतम रचनाएँ उन विषयों को लेकर हैं, जो हिन्दू धर्म एवं दर्शन के सामान्य विषय से सम्बद्ध हैं, जैसे—परमात्म लीला, आनन्द-सागर, आत्म पंछी, माया, सहस्त्र कमल और अरूपी रूप आदि। साथ ही, अनेक रचनाएँ सूफ़ी बिम्ब विधान और भावानुभूति में रँगी हुई हैं। कुछ अन्य में भारतीय जीवन के सामान्य परिवेश और प्रसंगों का साधन के तौर पर अनुयोग किया गया है, यथा—मन्दिर की घंटियाँ, दीपाराधन, विवाह, सती, तीर्थयात्रा, बारहमासा आदि। इन सभी को उन्होंने अपनी रहस्यवादी दृष्टि से देखा है—ब्रह्म के साथ जीवात्मा का अन्त:सूत्र ग्रथित करनेवाले पवित्र प्रतीकों के रूप में। इनमें से अनेक रचनाओं में प्रकृति के प्रति अत्यन्त रमणीय और अन्तरंग भाव देखने को मिलता है।[1]

प्रस्तुत संग्रह के जितने अनूदित पद (गान) संकलित हैं, उनमें कबीर के विचारों के सभी पक्षों के उदाहरण मिल जाएँगे, यथा—उनकी रहस्यवादी भावना के समस्त उतार-चढ़ाव, हर्षोन्माद, अवसाद, परमानन्द, आत्मत्याग की आकांक्षा, व्यापक आत्मबोध की दीप्ति, अन्तरंग प्रेम के क्षण आदि। संसार से सम्बन्धित उनकी सुविस्तृत और गहन दृष्टि, सृष्टि की अखंड लीला (82),[2] परमात्मा की सत्ता में कई सृष्टियों का पानी के बुदबुदे की तरह पैदा होना और मिटना (14, 16, 17, 76) आदि को और दिव्य प्रेमी के संग प्रेमिल, मृदुल एवं आत्मीय क्षण तथा आत्म गुरु से संवाद (10, 11, 23, 35, 51, 85, 86, 88, 92, 93) को सुसंहत ढंग से देखा जा सकता है, विशेषकर 34 संख्यक पद में।

चूँकि ये सभी विरोधाभासी विचार प्रत्यक्ष तौर पर ब्रह्म-स्वरूप में विघटित हैं, इसलिए इसके साथ अन्य विषय भी समाहित हो गए हैं। यथा : बन्धन और मुक्ति,

1. पद संख्या 15, 23, 67, 87, 98
2. कोष्ठक के अन्तर्गत पद संख्या के द्योतक हैं।

प्रेम और वियोग, सुख और दुख (17, 25, 40, 89) इनके संग मिलन ही आत्मा के लिए सबसे महत्त्वपूर्ण है, साथ ही, इसकी (जीव की) नियति एवं आवश्यकता भी (51, 52, 54, 70, 74, 93, 96) तथा आत्म-परमात्म का यह मिलन—यह परमात्म सन्धान, जो समस्त साधनों में अत्यन्त सहज और सर्वाधिक स्वाभाविक है, अगर हम इसे साध सकें (41, 46, 56, 72, 76, 78, 97)। यद्यपि यह मिलन प्रेम द्वारा प्राप्त होता है, ज्ञान और आनुष्ठानिक कृत्य द्वारा नहीं (38, 54, 55, 59, 91); उस मिलन में यह भी नहीं, वह भी नहीं—इस बात की आशंका जुड़ी रहती है—जैसा कि रोइसब्रूक कहते हैं (9, 41, 56)। आत्मबोध एवं सत्य में ही सच्ची साधना और संयोग निहित है (40, 41, 56, 63, 65, 70), इसलिए मूर्तिपूजा उस परमात्म प्रेमी के अवमानना स्वरूप है (47, 69), इसलिए आत्मा की शुचिता के लिए परोपकार के सिवा, दिखावटी पवित्रता के साधन पाखंड मात्र हैं (54, 65, 66)। ये समस्त उपादान, विशेषकर मानव हृदय, परमात्म पोषित और परमात्म प्रेरित होते हैं (26, 56, 76, 89, 97)। वह यहाँ-वहाँ, कहीं भी, मनुष्य या प्राणिमात्र के भौतिक जीवन के पंक में बड़ी आसानी से पाया जा सकता है (34, 6, 21, 39, 40, 43, 48, 67)। हम उस लक्ष्य को बिना राह पार किए पा सकते हैं (76)—कोई मठ (पीठ) नहीं, बल्कि मनुष्य के प्रयास की समुचित रंगभूमि है घर : और अगर वह परमात्मा को वहाँ पाता है तो उसे अन्यत्र कहीं जाकर परमात्म-प्राप्ति की आशा छोड़ देनी चाहिए। 'वह घर में ही विराजते हैं।' वही आत्मा के साथ प्रेम और वियोग, बन्धन और मुक्ति, आनन्द और अवसाद में बारी-बारी से लीला रचते हैं। इनके साथ ही, उनका द्वंद्व भी, उस असीम (अनहद) का निर्बन्ध संगीत के साथ तिरता रहता है। कबीर कहते हैं—सिवा परमात्मा के अन्य कोई भी उस राग को नहीं छेड़ सकता।

रवीन्द्रनाथ ठाकुर की प्रस्तुत कृति कबीर के पदों का (अंग्रेज़ी में) रूपान्तर है। कबीर की रहस्यवादी प्रतिभा ने उन्हें इस दिशा में प्रवृत्त किया। वे सभी, जो इसे पढ़ेंगे, अनुभव करेंगे कि रवीन्द्रनाथ कबीर की दृष्टि और विचार के सहृदय व्याख्याकार (अनुगायक) हैं। यह कृति श्री क्षितिमोहन सेन द्वारा कबीर के पदों के बांग्ला अनुवाद के मुद्रित पाठ के आधार पर तैयार की गई है। श्री सेन ने इन्हें कई स्रोतों—पोथियों और पांडुलिपियों से, घुमन्तू साधुओं और चारणों से एकत्रित किया था, जिनमें से बहुत सारे ऐसे भी थे, जो कबीर के नाम से जुड़ गए थे—जिन्हें उन्होंने पूरी सतर्कता से जाँचा-परखा और उनके नाम से प्रचलित अप्रामाणिक रचनाओं को छाँटकर, आधिकारिक पदों का चयन किया। उस कष्ट-साध्य श्रम के फलस्वरूप ही प्रस्तुत कार्य करना सम्भव हो पाया।

हमारे सामने श्री क्षितिमोहन सेन की कृति तो थी; श्री अजित कुमार चक्रवर्ती द्वारा 116 पदों के अंग्रेज़ी अनुवाद भी थे; साथ ही, कबीर के बारे में लिखित उनका

निबन्ध भी। इनमें से हमने पर्याप्त सहायता प्राप्त की है। इस अनुवाद के दौरान हमने उनसे काफ़ी सारे पाठ ग्रहण किए हैं। साथ ही, उक्त निबन्ध में उल्लेखित कई तथ्य भी इस भूमिका में संयोजित किए गए हैं। हम श्री अजित कुमार चक्रवर्ती की इस उदारता के लिए उन्हें बहुत धन्यवाद देते हैं, जिन्होंने नि:स्वार्थ भाव से अपना कार्य हमें सहर्ष सौंप दिया।

—एवलिन अंडरहिल

कबीर के रवीन्द्र : रवीन्द्र के कबीर

रवीन्द्रनाथ द्वारा कबीर के पदों का अंग्रेज़ी में अनुवाद किया जाना कोई आकस्मिक या प्रायोजित कार्य नहीं था। यह कबीर के व्यक्तित्व और उनकी रचनाओं, विशेषकर पदों से प्रभावित होकर, बहुत व्यवस्थित ढंग से और विशेषज्ञों के परामर्श लेकर किया गया काम है। यह देखकर आश्चर्यचकित होना स्वाभाविक है कि रवीन्द्रनाथ ने न तो कबीर के बारे में अपने ग्रन्थ 'वन हंड्रेड पोएम्स ऑव कबीर' के प्राक्कथन में या अन्यत्र अपनी कृतियों में कहीं कुछ विस्तार से लिखा है।

अपने उपन्यास 'गोरा' और 'गीतांजलि' का लेखन एवं प्रकाशन हो जाने के बाद भारतीय धर्मदर्शन एवं विभिन्न मतवादों पर गहराई से चिन्तन-मनन करते हुए, रवीन्द्रनाथ अपने विचार पुस्तकाकार प्रकाशित कर रहे थे। 1912 ई. लिखित 'भारतवर्षेर इतिहासेर धारा' प्रबन्ध एवं 'तत्त्वबोधिनी' पत्रिका का सम्पादन—उनके मानसिक क्षितिज-विस्तार के महत्त्वपूर्ण प्रस्थान बने और तब उन्होंने चतुर्दिक् भरपूर प्रशंसा अर्जित की थी।

साहित्यिक, सांस्कृतिक एवं शैक्षणिक उपक्रमों एवं व्यस्तताओं के बीच यह प्रश्न करना उचित ही है कि आख़िर रवीन्द्रनाथ का कबीर के प्रति आकर्षण का क्या कारण रहा होगा? यह ठीक है कि दोनों ही मानसिक तौर पर रहस्यवाद के मूल तत्त्वों को अपने आत्मबोध से जोड़ते हैं। 'गीतांजलि' का प्रणयन इसका श्रेष्ठ निदर्शन है। लेकिन ऐसा क्योंकर सम्भव हो सका कबीर का जादू उनके सिर चढ़ बैठा कि अपनी घोर व्यस्तता और प्रसिद्धि के घटाटोप में भी कबीर के सौ पदों का अनुवाद करने का उन्होंने समय निकाल लिया।

इस सम्बन्ध में एक महत्त्वपूर्ण ऐतिहासिक तथ्य यह भी रहा है कि अपने इंग्लैंड-प्रवास और विदेश यात्रा के दौरान उन्हें विश्वविद्यालय के प्राध्यापकों, रोमन कैथोलिकों एवं इटालियन पादरियों से कबीर पंथ की जानकारी मिली थी। कुछ ईसाई धर्मप्रचारक भी ईस्ट इंडिया कम्पनी के भारत में पाँव जमाने के बाद भारत के विभिन्न इलाक़ों में ईसाई धर्म का प्रचार करते रहे थे। कोलकाता तो उन दिनों तमाम व्यावसायिक, धार्मिक एवं सांस्कृतिक गतिविधियों का केन्द्र ही था, जहाँ वे अनिवार्य तौर पर धर्मविदों से विचार-विमर्श भी करते थे।

एकेश्वरवाद के प्रवक्ता और ब्राह्म समाज के प्रवर्तक राजा राममोहन राय (1774-1833 ई.) हिन्दू धर्म दर्शन के अध्ययन के दौरान विभिन्न धर्मों के साथ सूफ़ी साधना के मर्मज्ञों से, और विभिन्न धर्मावलम्बियों से निरन्तर संवाद करते रहे थे। 'ब्राह्म सभा' की स्थापना द्वारा राममोहन राय ने सर्वधर्म समभाव की परिकल्पना को साकार किया था। इस उद्‌देश्य की पूर्ति के लिए उन्होंने विभिन्न धर्मों के धर्मग्रन्थों और सम्प्रदायों के प्रचारकों के साथ विचार-विमर्श कर लेखन कार्य किया।

यहाँ यह बताना आवश्यक है कि रवीन्द्रनाथ ठाकुर ने युवावस्था में ही उपनिषदों के पठन-पाठन के साथ वैष्णव पदावली का विधिवत् अध्ययन-मनन किया था और उनका एक संचयन भी तैयार किया था।[1] यही कारण रहा कि ज्ञानदास, चंडीदास, गोविन्ददास, बलरामदास, विद्यापति, नटवरदास, अनन्तदास आदि की पद-रचनाओं से उनका घनिष्ठ परिचय था। इन्हीं का अनुसरण करते हुए उन्होंने 'भानुसिंह ठाकुरेर पदावली की रचना' (1877 ई. में) की थी। राधा-कृष्ण प्रणय विषयक भानुसिंह की यह लघु पद रचना अपनी ललित पद-संरचना, भावप्रवणता और अनुगेयता के कारण उक्त कालावधि के अन्यान्य पदकर्ताओं की श्रेणी में सम्मिलित हो गई। आश्चर्य की बात तो यह थी कि भानुसिंह (रवीन्द्रनाथ के छद्‌म नाम) को भ्रमवश मैथिल कोकिल कवि विद्यापति की परम्परा का मध्ययुगीन किन्तु अज्ञात कवि मान लिया गया, जो 'ब्रजबुलि' भाषा (मैथिली, ब्रजी और देसी बोली का मिश्रित रूप) में पद-रचना करते थे।

अकेली 'गीतांजलि' (1910 ई.) में ही नहीं, रवीन्द्रनाथ की समग्र काव्य संवेदना में उपस्थित मध्यकालीन भक्ति-साहित्य की भावात्मक चेतना के साथ उनका सामंजस्य लगभग पाँच सौ साल पहले जन्मे कबीरदास की उपस्थिति की याद दिलाता है। बीसवीं सदी के आरम्भिक वर्षों में जिस व्यक्तिगत दुख और आत्मीय परिवारजनों—पत्नी, पुत्री, पिता एवं पुत्र के निधन की गहन वेदना से रवीन्द्रनाथ गुज़र रहे थे, उसने उन्हें बृहत्तर मानवीय एवं आध्यात्मिक स्तर पर उन्नीत किया। 'स्मरण', 'उत्सर्ग', 'खेया', 'गीतांजलि', 'गीतिमाल्य' एवं 'गीतालि' आदि काव्य-संकलन उसी भावबोध से सम्बद्ध छवियाँ एवं प्रतीतियाँ वहन करते हैं। उसी भावबोध को व्यापक सन्दर्भ में देखने और आध्यात्मिक स्तर पर रखने का रचनात्मक उपक्रम था—कबीर वाणी से एक सौ पदों का चयन कर उनका अंग्रेज़ी गद्य में अनुवाद। इस कार्य में रवीन्द्रनाथ ने बेलवेडियर प्रेस से प्रकाशित कबीर वाणी संकलन और आचार्य क्षितिमोहन सेन द्वारा वाचिक परम्परा से संकलित एवं बाद में प्रकाशित कबीर के पदों के संग्रह को अपना आधार बनाया। हालाँकि इसके बहुत पूर्व कथा नामक काव्य संकलन (1900 ई.) में वे कबीरदास ही नहीं, नाभादास, चैतन्य महाप्रभु, स्वामी रामानन्द, अमीना रंगरेजन, तुलसीदास आदि के जीवन चरित से

1. 'पद रत्नावली', सम्पादन, संकलन : रवीन्द्रनाथ ठाकुर और श्रीशचन्द्र मजूमदार, 1885 ई.।

जुड़े कुछ मार्मिक प्रसंगों को लेकर कविताओं की रचना कर चुके थे। ये प्रसंग उन्हें नाभादास प्रणीत वैष्णव भक्तों की जीवनी भक्तमाल से प्राप्त हुए थे। अठारहवीं सदी में ही बांग्ला में अनूदित भक्तमाल से इस बात की पुष्टि होती है। इसमें संकलित भक्त कवियों द्वारा रचित कई पदों का अंग्रेज़ी अनुवाद रवीन्द्रनाथ ने 1912-13 ई. के दौरान किया था। इनमें से कुछ उनके अंग्रेज़ी रचना-संग्रह 'द फ़्युजिटिव' (1919 ई.) में प्रकाशित हुए। इस संकलन में बंगाल के बाउलों द्वारा गाए जानेवाले कई गान भी अंग्रेज़ी में अनूदित एवं भावान्तरित हैं।

कथा शीर्षक कविता-संकलन (1900 ई.) में भक्तमाल के हवाले से रवीन्द्रनाथ रचित आख्यानमूलक कविताओं का विशेष उल्लेख यहाँ आवश्यक है, जिनके शीर्षक हैं—'अपमान-वर' (द्रष्टव्य : परिशिष्ट ख), 'स्वामीलाभ' एवं 'स्पर्शमणि', जो क्रमशः कबीरदास, तुलसीदास और वैष्णव आचार्य सनातन गोस्वामी से सम्बद्ध हैं। भक्तमाल में वैष्णव भक्तों और संतों के जीवन एवं चरित का गुणगान है और विभिन्न वैष्णव सम्प्रदायों में इसे मान्यता मिली हुई है। ब्रजभाषा में लिखित इस चरित ग्रन्थ का बांग्ला में बहुत पहले अनुवाद हो चुका था और जैसा कि बताया गया, रवीन्द्रनाथ अपनी युवावस्था से ही वैष्णव ग्रन्थों एवं वैष्णव पदावली के गम्भीर अध्येता रहे थे। यही कारण है कि उन्होंने अपनी भावभूमि पर इन चरितों को काव्यभूमिका प्रदान की। इस सन्दर्भ में कबीर की रचनाओं (पदों, साखियों आदि) की महत्त्वपूर्ण भूमिका यहाँ विशेष उल्लेख्य है।

'अपमान-वर' का कथा-प्रसंग यह है कि कबीरदास की निरन्तर बढ़ती लोक-प्रतिष्ठा से कुढ़कर ब्राह्मण समुदाय द्वारा किसी कुलटा स्त्री को धनादि देकर कबीर पर लांछन लगाने के लिए भेजा गया, यह सोचकर कि इसके बाद सारा समाज कबीर का उपहास उड़ाएगा। वह स्त्री एक दिन वही हाट पहुँच गई, जहाँ कबीर अपने करघे पर बुने कपड़े बेचने गए थे। उसने कबीर पर तोहमत लगाई कि उन्होंने उसके साथ व्यभिचार किया था और अब उसे ठुकरा दिया है। कबीर इस लांछन की परवाह न कर उस युवती को ससम्मान अपने घर ले आए और स्वयं को अपराधी बताते हुए स्वीकार किया कि तुम मेरे रहते भूखी और उदास क्यों रहोगी माता! उधर उच्चवर्णीय समाज में कबीर को अपमान और अपवाद का शिकार बनाया गया। लेकिन वे निरुद्विग्न भाव से अपनी दैनन्दिन चर्या में मस्त रहा करते थे।

इसी बीच राजा के यहाँ से एक दूत द्वारा यह अनुदेश भिजवाया गया कि कबीर उनके दरबार में उपस्थित हों। निरुत्साहित कबीर ने कहा, "मैं सबसे अलग-थलग अपनी दीनता और लघुता में पड़ा रहता हूँ। राजसभा में भला मेरी क्या शोभा!" लेकिन दूत ने कहा कि आपके न जाने पर मुझ पर नाकारा होने का अपराध मढ़ा जाएगा। आपका यश सुनकर ही राजा आपसे मिलना चाहते हैं। मन मारकर कबीर उस स्त्री को साथ लेकर जब राजसभा पहुँचे तो राजासहित सबने उस कुलटा

नारी को घर में आश्रय देने के कारण कबीर पर दुराचार में लिप्त रहने का आरोप लगाया। बात बढ़-बिगड़ न जाए, इसलिए द्वारपाल ने उन्हें यहाँ से निकल जाने का संकेत किया। कबीर उस स्त्री के साथ राजदरबार से बाहर निकल आए। रास्ते में भी ब्राह्मणों का दल उन पर ताना कसता रहा, बुरा-भला कहता रहा। यह सब सुनकर वह स्त्री रोने लगी और कबीर के चरणों में गिर पड़ी। बोली, "तुम क्यों मुझे पाप-पंक से उबारकर अपने घर ससम्मान ले आए!" कबीर ने कहा, "माता, तुम तो मेरे लिए प्रभु का दान हो!"

तखन रमणी काँदिया पड़िल साधुर चरण मूले—
कहिल, 'पापेर पंक हइते केन निले मोर तुले!
केन अधमार राखिया दुआरे सहितेछ अपमान'!
कहिल कबीर, 'जननी, तुमि जे आमार प्रभुर दान'।

इसी क्रम में पुनश्च (1933 ई.) में प्रकाशित 'शुचि' शीर्षक एक आख्यानाश्रित कविता (17 नवम्बर, 1932 में लिखित) स्वामी रामानन्द और उनके बैकुंठवासी आराध्य के मध्य संवाद से आरम्भ होती है। उस दिन रामानन्द ने पूरे दिन उपवास रखा था और मन्दिर में उत्सव मनाए जाने के दौरान वहाँ राजा-रानी समेत कई सम्प्रदायों के आचार्य एवं भक्तजन पधारे थे। संध्याकाल में जब स्नानादि सम्पन्न कर रामानन्द ने प्रभु के चरणों में नैवेद्य एवं प्रसाद अर्पित किया तो प्रभु ने इन्हें स्वीकार नहीं किया। अपना अपराध पूछने पर प्रभु ने कहा—"मेरा वास क्या केवल बैकुंठ में है? मेरे मन्दिर में ऐसे लोग, जिनका प्रवेश यहाँ वर्जित है—जो यहाँ प्रवेश नहीं कर पाते, इस बात से मैं स्वयं को आहत और अपमानित महसूस करता हूँ। मेरा स्पर्श तो उनके सर्वांग में है, मेरा ही चरणोदक उनके प्राणों एवं रक्त शिराओं में प्रवाहित होता है। उनके अपमान के कारण है तुम्हारा अपवित्र नैवेद्य।" रामानन्द की जिज्ञासा का उत्तर देते हुए प्रभु ने लोक-सृष्टि और लोक-स्थिति में भी अन्तर बताया। आराध्य का आदेश मानकर रामानन्द इस बन्धन को तोड़ने के लिए उसी दिन उद्यत हो गए। आधी रात को अपने कुटीर से बाहर निकल सुदूर गाँव पार कर वे नदी किनारे पहुँचे, जहाँ एक चंडाल शवदाह में मगन था। रामानन्द द्वारा उसे सीने से लगा लेने पर चंडाल नाभा ने कहा—"प्रभु, मैं ठहरा चंडाल, यही मेरी जीविका है, मुझे अपराधी मत बनाइए!" गुरु रामानन्द ने कहा—"मैं भी अपराधी हूँ, अचेतन हूँ, मेरा अन्तर मृत है इसलिए मुझे तुम्हारी आवश्यकता है, वरना इस मृतक का संस्कार कैसे होगा?"

भोर होने को थी। आगे बढ़ते हुए रामानन्द कबीर के आँगन जा पहुँचे, जहाँ कबीर कपड़े बुन रहे थे और कुछ गुनगुना रहे थे। रामानन्द ने उन्हें भी गले लगा लिया। कबीर ने उन्हें रोकते हुए कहा, "प्रभु, मैं ठहरा मुसलमान जाति का जुलाहा,

मेरी वृत्ति ओछी है।" रामानन्द बोले, "मैं अन्तर से नग्न हूँ, मेरा चित्त मलिन है। आज मैं तुम्हारे हाथ का बुना पवित्र वस्त्र पहनूँगा—तभी मेरी लज्जा दूर होगी।"

इधर गुरु रामानन्द को ढूँढ़ते हुए जब उनके शिष्य कबीर के यहाँ पहुँचे तो उन्होंने गुरु को फटकार लगाई—"यह आपने क्या किया गुरु?" रामानन्द ने कहा, "मैं अपने आराध्य को इतने दिनों तक जहाँ खो बैठा था, वहीं आज उनका सन्धान मिला है।"

रामानन्दी हो या कबीरपन्थी, वे दैनन्दिन लोक जीवन-चर्या में ब्राह्मणों के वर्चस्व एवं हस्तक्षेप को नकार ही नहीं रहे थे, उन्हें चुनौती भी दे रहे थे। अस्पृश्यता की अन्धरूढ़ि तब चरम पर थी और इसके विरुद्ध उत्तर भारत में भी भक्ति आन्दोलन तीव्रतर होता चला गया। हालाँकि इस बात के उल्लेख भी मिलते हैं कि (गुरु) रामानन्द कबीर को अपना शिष्य नहीं बनाना चाहते थे। लेकिन वैष्णव पन्थ की उदार परिभूमि ने मानवीयता के बृहत्तर लक्ष्य को ध्यान में रखते हुए दोनों के बीच की दूरी दूर कर दी। रवीन्द्रनाथ ने मानवीय एवं भावात्मक स्तर पर दोनों के मिलन को अपनी कविता में सार्थकता प्रदान की थी, जिसे मध्यकालीन भारतीय संतों एवं भक्तों की बानियों से प्रेरणा एवं ऊर्जा मिली थी। लोकचित्त के परम आराधक रवीन्द्रनाथ के लिए यह कोई पहेली या समस्या नहीं थी कि लोक स्थिति को कैसे सन्तुलित रखा जा सकता है। सदियों से शास्त्र बहिष्कृत एवं उच्चवर्ण द्वारा निम्नवर्ण को तिरस्कृत किए जानेवाली वृत्ति एवं व्यवस्था के वे घोर विरोधी थे। उनका यह स्वर निरन्तर तीव्र होता चला गया, न केवल भारत के सन्दर्भ में बल्कि विश्व-सन्दर्भ में। मनुष्य द्वारा मनुष्य का अपमान उनकी दृष्टि में घोर अपराध था, वह भी धर्म की आड़ में मुट्ठीभर सुविधा प्राप्त समुदाय द्वारा।

इसी बीच मध्यकालीन संत समाज के सबसे तेजस्वी और प्रभावी संत कबीर को कबीरपन्थी मठों और अखाड़ों से बाहर लाकर विद्वज्जगत के सम्मुख लाने और उन्हें साहित्य-दर्शन और भक्ति आन्दोलन सम्बन्धी विमर्श का अंग बनाने में क्षितिमोहन सेन (1880-1960 ई.) ने बहुत बड़ी भूमिका निभाई।

काशी में रहते हुए सेन महाशय ने किशोरावस्था से ही जिन साधकों के बीच कबीरवाणी का श्रवण-मनन किया था, उसी से उन्हें कबीर के पदों का संग्रह करने की प्रेरणा मिली और इसके लिए वे विभिन्न कबीर मठों और अखाड़ों में जाकर हस्तलिखित ग्रन्थों का संग्रह करते रहे। उन्हें इस कार्य में काशी के वरुणा आदिकेशव दक्षिण बाबा, गैबी के झूलन बाबा, छछुआ ताल के निर्भय दास, चौखंडी के दीनदेव और अन्धसाधु सूरश्याम दास का विशेष सहयोग प्राप्त हुआ। पूर्वप्रकाशित कबीर के पदों के संग्रह के साथ ही, वे कबीरवाणी से सम्बन्धित एवं सम्प्रदाय-पोषित ग्रन्थों का भी अध्ययन करते रहे। इनमें से कुछ इस प्रकार हैं—

—बीजक मूल—खेमराज कृष्णदास, बम्बई

—बीजक कबीर साहब का—पूर्णदास साहब, बुरहानपुर

—कबीर शब्दावली (दो भागों में), इलाहाबाद
—कबीर साहब (11 भागों में)—भारत पथिक स्वामी युगलानन्द, बम्बई
—सत्य कबीर की साखी—शिवहर, रशीदपुर
—कबीर मंसूर—स्वामी परमानन्द जी और मकन जी कुबेर, बम्बई
—परमार्थ राजनीति धर्म—साधु काशीदास, बम्बई
—पंचग्रन्थी—महाराज रामरहस साहब कृत
—संज्ञा पाठ—महात्मा पूरण साहब कृत
—कबीरोपासना पद्धति—मकन जी कुबेर
—कबीर कसौटी—लहना सिंह, पटियाला
—कबीर वाणी—महाराज विश्वनाथ जी, रीवा, बुन्देलखंड

आचार्य क्षितिमोहन सेन द्वारा संकलित एवं बाद में प्रकाशित कबीर ग्रन्थ की पांडुलिपि को रवीन्द्रनाथ ने सम्पादित एवं संशोधित भी किया था। यहाँ तक कि 'कबीर' के प्रूफ़ देखने के बाद, सेन महोदय को अपने पत्र में लिखा था कि "इस बार हस्तक्षेप की मात्रा कुछ अधिक ही हो गई...मेरा संस्करण जहाँ कहीं भी आपको असंगत प्रतीत हो, वहाँ आप अवश्य ही संशोधन कर सकते हैं।"[1] इसके साथ ही, उन्होंने सेन द्वारा संकलित पदों को ही 'वन हंड्रेड पोएम्स ऑव कबीर' के लिए अपना आधार बनाया था। बाद में, पांडुलिपि पढ़कर इसकी भूमिका लिखने के लिए भक्तिकाल और कबीर की विशेषज्ञ श्रीमती एवेलिन अंडरहिल को यह भिजवाई गई थी।

यहाँ यह सूचना भी हमें हैरान करनेवाली है कि 'गीतांजलि' के अनन्य प्रशंसक और रवीन्द्रनाथ के अत्यन्त विश्वसनीय मित्र एज़रा पाउंड, जो बाद में अकारण रवीन्द्र-विमुख हो गए थे—जब उनसे यह आग्रह किया गया कि वह कबीर के पदों के अंग्रेज़ी अनुवाद को भी, जहाँ आवश्यक है, संशोधित कर दें तो उन्होंने बड़े उखड़े शब्दों में यह लिख भिजवाया कि..."यह गद्यानुवाद मात्र ब्रह्मविद्या है अगर वे (रवीन्द्रनाथ) इसे निम्नस्तरीय अनुवाद में प्रस्तुत करना चाहते हैं तो मैं इसमें उनकी सहायता नहीं कर सकता।"[2] उन्होंने यहाँ बांग्ला (में रूपान्तरित) मूल पदों के तुक, लय और अभिव्यक्ति में अनूठेपन का भी उल्लेख किया है। बहुत सम्भव है, कबीर के पदों के बांग्ला अनुवाद की कोई पांडुलिपि पाउंड ने देखी हो या

1. 'देश', 29 कार्तिक, प्रशान्त कुमार पाल; 'कबीर' : क्षितिमोहन सेन, प्राक्कथन, आनन्द पब्लिशर्स, संस्करण 1995, पृ. 14
2. "...In his original Bengali it has a novelty of rhyme and of expression but in a prose translation it is just mere theosophy. Of course, if he wants to set a lower level than that which I am trying to set in my translation of Kabir, I can't help..." 'Translation of Kabir - Pound and Tagore', 'Tagore Studies' 1972-73; Tagore Research Instt. p. 32

फिर यहाँ 'गीतांजलि' का हवाला दे रहे हों। लेकिन पाउंड यहाँ एक सुखद सूचना भी देते हैं कि वह स्वयं कबीर-वाणी के अनुवाद में व्यस्त हैं। इस कार्य में उनकी सहायता शान्तिनिकेतन आश्रम में अध्यापन कार्य से जुड़े कालीमोहन घोष कर रहे हैं, जो उन दिनों लन्दन-प्रवास पर थे। उनकी सहायता से अंग्रेज़ी में अनूदित कबीर के दस पदों का प्रकाशन 'माडर्न रिव्यू' (जून, 1913) में हुआ था।[1]

जैसा कि बताया गया, अजित कुमार चक्रवर्ती हों या एज़रा पाउंड के सहयोगी कालीमोहन घोष, दोनों ने क्षितिमोहन सेन द्वारा कबीर में संकलित पदों का ही आधार ग्रहण किया था। उक्त पुस्तक के चार खंडों में कुल 341 पद संकलित हैं। 'वन हंड्रेड पोएम्स ऑव कबीर' में रवीन्द्रनाथ द्वारा अनूदित सौ पद भी सेन द्वारा सम्पादित कबीर के आरम्भिक तीन खंडों से चयनित हैं। हाँ, उनका क्रम कवि-अनुवादक ने अपने भावबोध के अनुरूप किया है।

ऐसा माना जाता है कि 'वन हंड्रेड पोएम्स ऑव कबीर' का अंग्रेज़ी में अनुवाद-कार्य मूलतः अजित कुमार चक्रवर्ती का है और यह बात अनुमानाश्रित भी हो सकती है। बहुत सम्भव है, चक्रवर्ती कृत अनुवाद से रवीन्द्रनाथ बहुत आश्वस्त न हुए हों और जैसा कि उनका स्वभाव था, इसे संशोधित या परिमार्जित करते हुए, उन्होंने इसे लगभग नया रूप ही प्रदान कर दिया हो। अपनी भूमिका में एवलिन अंडरहिल ने श्री चक्रवर्ती के अनुवाद का विशेष उल्लेख करते हुए उनके द्वारा लिखित कबीर सम्बन्धी एक लेख से प्राप्त सहयोग की भी चर्चा की है।[2]

विश्वभारती के रवीन्द्र भवन में सुरक्षित पांडुलिपि 'ट्रांसलेशंस फ्राम कबीर बाय अजित कुमार चक्रवर्ती' के बारे में रामेश्वर मिश्र की टिप्पणी है कि "यह चक्रवर्ती के हस्तलेख में नहीं है। रवीन्द्र भवन के विशेषज्ञ अधिकारियों का मत है कि यह पीयर्सन के हस्तलेख में है। इसमें पीछे की ओर ढाई पृष्ठों पर रवीन्द्रनाथ के हस्तलेख में कबीर वाणियों के अनुवाद हैं।"[3]

पीयर्सन द्वारा काली स्याही से लिखित इस पांडुलिपि के अनुवादों को रवीन्द्रनाथ द्वारा पेंसिल से संशोधित किया गया है। ये संशोधन कहीं बहुत अधिक हैं तो कहीं बहुत कम। यही नहीं, एक और विदेशी विद्वान प्रो. जे.एफ़. ब्लूमहर्ट की भी इस कार्य में सहायता ली गई थी और 'वन हंड्रेड पोएम्स ऑव कबीर' में उनका भी आभार स्वीकार किया गया है।[4]

---

1. द्रष्टव्य : 'मध्ययुगीन हिन्दी संत-साहित्य और रवीन्द्रनाथ', पृ. 159
2. 'इंग्लिश राइटिंग्स ऑव टैगोर' (खंड 3), सम्पा. शिशिर कुमार दास एवं नित्यप्रिय घोष, साहित्य अकादेमी, पृ. 511
3. "For some assistence in normalizing the translation we are indebted to Prof. J.F. Bloomhart." 'मध्ययुगीन हिन्दी संत साहित्य और रवीन्द्रनाथ' : रामेश्वर मिश्र, पृ. 157
4. उपरिवत्, पृ. 158

कबीर के जन्म से जुड़ी निजंधरी गाथाओं एवं जनश्रुतियों की चर्चा करते हुए अंडरहिल ने उनके व्यक्तित्व के निर्माण में गुरु रामानन्द की सीख और वाराणसी की बहुविध धार्मिक परम्पराओं का ज़िक्र किया है। साथ ही, कबीर की रचनाओं में व्यक्त राम-रहीम की एकता, धार्मिक रूढ़ियों का खंडन, मूर्तिपूजा, तप-तीर्थ आदि की व्यर्थता के साथ आत्म-साधना पर ज़ोर देने की बात भी की। जहाँ तक उक्त संग्रह के अनूदित पदों की बात है अंडरहिल ने यह बताया कि इनमें कबीर की वाणी, विचार और व्यक्तित्व—सभी से सम्बद्ध पक्ष रूपायित हैं।[1] यानी एक रहस्यवादी साधक के नाते उसके हर्षोत्कर्ष, हताशा, चिरन्तन सत्य का सन्धान, आत्मशुचिता, अन्तरंग मिलन की उत्कंठा एवं परमात्म प्रेम से जुड़े विरह तथा मिलन के विरल क्षण।

इस संकलन में कबीर के एक प्रेमी, साधक और आत्मसन्धानी व्यक्तित्व पर विशेष ज़ोर है। परमात्मा की चिरन्तनता, शाश्वत सृष्टि-लीला, जीवन की क्षणभंगुरता और दिव्य सत्ता अर्थात् ब्रह्म के साथ जीव की लीला से सम्बन्धित पदों को प्रधानता मिली है। हालाँकि कुछ ऐसे भी पद संयोजित हैं, जिनसे कबीर के विद्रोही स्वर एवं व्यंग्यमुखर तेवर का पता चलता है। साथ ही, तत्कालीन सामाजिक यथार्थ एवं धार्मिक भेदभाव के प्रति तीव्र आक्रोश का स्वर स्पष्ट है।

कबीर के एक सौ पदों का चयन रवीन्द्रनाथ ने स्वयं किया हो या इसमें मित्रों की सहायता ली हो, इस तथ्य का विशेष ध्यान अवश्य ही रखा है कि मध्यकालीन संतों की रचनाओं की भाषा—विशेषकर पदों के भाषिक विन्यास सन्दर्भ में—उसके निहितार्थ को यथासम्भव अपने पश्चिमी पाठकों तक पहुँचाया जा सके। इसलिए उन्होंने अंग्रेज़ी की भाषिक संरचना, वाक्यांतरण एवं संश्लेषण का विशेष ध्यान रखा।[2]

साथ ही, पदों के चयन और स्थानीय मुहावरे के सटीक भावान्तरण में पर्याप्त सतर्कता बरती ताकि उनका मर्म या आशय विषम भाषा-समाज के पाठकों तक पहुँचने में कठिनाई न हो।

---

1. "In the collection of songs here translated there will be found examples which illustrate nearly every aspects of Kabir's thought, and all the fluctuations of the mystic's emotion : the ecstacy the despair, the still beatitude, the eagar self-devotion, the flashes of wide illumination, the moments of intimate love.
His wide and deep vision of the universe, the 'Eternal Sport' of creation, the worlds being 'told like beads' within the Being of God." 'Poems of Kabir' (introduction), p.509
2. "In Kabir, the verve and vigour of a localized idiom - within the diction available to him - become so adaquate in terms of the communicated effect that a translation appear to be begging the issue."
'Indian literature', No. 113, May-June 1996, Sahitya Akademi, p. 53

कबीर के पदों का अंग्रेज़ी में अनुवाद करते हुए रवीन्द्रनाथ ने आचार्य क्षितिमोहन सेन लिखित 'कबीर' (चार खंडों में) ग्रन्थ में संकलित पदों में से कुल एक सौ पदों का चयन किया था। आचार्य सेन ने इन पदों का संग्रह भक्तिकालीन वाङ्मय तथा उत्तर भारत की यात्राओं के दौरान किया था। रवीन्द्रनाथ की प्रेरणा एवं उनसे अर्थानुदान प्राप्त कर उन्होंने कबीरदास के मठों और अखाड़ों में जाकर वाचिक परम्परा से प्राप्त पदों का संग्रह किया था और 'कबीर' नामक पुस्तक का प्रकाशन अलग-अलग चार खंडों में 1910-11 ई. के दौरान कराया था।

'वन हंड्रेड पोएम्स ऑव कबीर' का प्रथम प्रकाशन 'गीतांजलि : सांग ऑफ़ रिंग्स' की तरह ही इंडिया सोसाइटी, लन्दन द्वारा 1914 ई. में किया गया था। तब इसकी भी कुल 750 प्रतियाँ ही छापी गई थीं, जिनमें से केवल 400 प्रतियाँ ही विक्रय हेतु रखी गई थीं। इस पुस्तक की लम्बी और विद्वत्पूर्ण भूमिका श्रीमती एवलिन अंडरहिल ने लिखी थी, जिसमें उन्होंने मध्यकालीन भारत के महान संत कवि कबीर के बारे में कई महत्त्वपूर्ण सूचनाओं के साथ उनके विशिष्ट योगदान को सराहा था। हालाँकि अंडरहिल द्वारा जुटाई गई सूचनाओं एवं तात्त्विक अवधारणाओं से कई विद्वान सहमत नहीं थे। बाद में, उक्त पुस्तक का 1917 ई. में मैकमिलन कं., न्यूयॉर्क द्वारा भी प्रकाशन हुआ, जिसका शीर्षक मात्र 'सांग्स ऑव कबीर' रखा गया।

साहित्य अकादेमी द्वारा प्रकाशित 'इंग्लिश राइटिंग्स ऑव रवीन्द्रनाथ टैगोर' के सम्पादकों के अनुसार कबीर की रचनाओं के बांग्ला में अनूदित कतिपय अनुवादों के अलावा 1911 ई. में प्रकाशित कबीर के बीजक का एक अंग्रेज़ी अनुवाद उपलब्ध था।[1] बहुत सम्भव है रवीन्द्रनाथ एवं अंडरहिल ने उनका उपयोग किया होगा। कबीर के पदों का अनुवाद करते हुए रवीन्द्रनाथ ने अपने स्वभाव एवं रहस्यमूलक भावबोध के अनुरूप ही आत्मा-परमात्मा के बीच प्रेम, समर्पण, विरह, मिलन और सच्चे साधक एवं भक्त की आकांक्षाओं को व्यंजित करनेवाले पदों का चयन किया था। इनमें सांसारिक रूपकों के माध्यम से दाम्पत्य सम्बन्ध की प्रगाढ़ता को व्यंजित करनेवाले पदों को जहाँ प्रमुखता मिली, वहीं संसार की असारता को अभिव्यक्त करनेवाले पदों पर भी ज़ोर रहा। कबीर के पदों के अनुवाद के पूर्व उन्होंने उन पदों के चयन को वरीयता दी, जो उनकी भाव-सत्ता के निकट थे। लेकिन दूसरी तरफ़ उन्होंने कबीर की रचनाओं में निहित विषय-वैविध्य का पर्याप्त ध्यान रखा।

अंडरहिल ने उक्त अनुवाद कार्य में रवीन्द्रनाथ का सहयोग किया था। साथ ही, उन्होंने इस बात का भी उल्लेख किया कि उनके सामने अजित कुमार चक्रवर्ती द्वारा अंग्रेज़ी में अनूदित कबीर के 116 पद भी उपलब्ध थे, जो आचार्य सेन द्वारा

---

1. खंड तीन, (सम्पा.) शिशिर कुमार दास एवं नित्यप्रिय घोष, पेपरबैक संस्करण, 2012 ई. पृ. 511 और 725

ही श्री चक्रवर्ती को सौंपे गए थे। इस अनुवाद से भी उन्हें पर्याप्त सहायता मिली थी। अंडरहिल ने अपनी भूमिका में भगवद्गीता के अनुरूप हिन्दू धर्म की विशेषताओं के आलोक में रामानन्दी सम्प्रदाय, सूफ़ी परम्परा और उपनिषदों में निहित रहस्यवादी चिन्तन की निरन्तरता को ब्राह्मण, सूफ़ी और वेदान्ती या वैष्णव चिन्तन की बृहत्तर परिभूमि में देखा-परखा था। कबीर के निर्माण में भारतीय चिन्तनधारा के अनेक पक्षों और तत्त्वों का निश्चय ही समावेश रहा है। यही कारण था कि रवीन्द्रनाथ ने उनको इतनी वरीयता दी थी।[1]

कबीर को कबीरपन्थी मठों और अखाड़ों से बाहर लाकर प्राच्य एवं पाश्चात्य विद्वज्जगत के सम्मुख लाने और उन्हें साहित्य-दर्शन और भक्ति आन्दोलन सम्बन्धी विमर्श का अंग बनाने में क्षितिमोहन सेंन एवं रवीन्द्रनाथ के आरम्भिक योगदान का महत्त्वपूर्ण स्थान रहा है।

रवीन्द्रनाथ की अनुवाद-प्रक्रिया पर विचार करते हुए, अशोक कुमार झा ने मूल (पद) पाठ और अनूदित पाठ की समकक्षता को सोदाहरण उद्धृत किया है। वह अंडरहिल की उस वैचारिक दृष्टि की सराहना करते हैं, जो कबीर और रवीन्द्रनाथ के भाव साम्य की पारखी हैं।[2] लेकिन झा उस अन्तर की अनदेखी भी नहीं कर पाए जो कबीर और रवीन्द्रनाथ के अलग-अलग व्यक्तित्व और देशकाल से सम्बद्ध है। विलक्षण मेधा-सम्पन्न और भाषा (बोली) पर असाधारण अधिकार रखनेवाले कबीर की पहचान उनकी वाचिकता (वाग्मिता) से जुड़ी है, जबकि रवीन्द्रनाथ परम्परागत एवं आधुनिक साहित्य के व्यापक अध्ययन और अध्यवसाय के साथ कई विधाओं के सर्जक एवं अग्रणी लेखक हैं, तथा एक कवि के तौर पर विश्वकवि माने जाते हैं। साथ ही, उनके जीवन और लेखन में परम्परागत सोच से अलग, एक प्रतिगामी विचारधारा प्रबल रही, जिसकी ऊर्जा ने उनकी सृजन-क्षमता को निरन्तार उर्वर बनाए रखा।

दूसरी ओर, कबीर जीविका से एक साधारण जुलाहा हैं, जबकि रवीन्द्रनाथ एक प्रतिभासम्पन्न बहुआयामी साहित्य-स्रष्टा—और जिनके लिए अनुवाद-कर्म एक अतिरिक्त उपक्रम रहा; यद्यपि यह उनके लिए कोई बैठे-ठाले का काम नहीं, बल्कि अनुसृजन था, और एक चुनौतीपूर्ण विधा के नाते महत्त्वपूर्ण भी। उनकी विश्व-विश्रुत काव्य-सृजनवृत्ति और नोबेल पुरस्कार प्राप्त कृति 'गीतांजलि : सॉन्ग ऑफ़ रिंग्स' (बांग्ला से अंग्रेज़ी में अनूदित) भी अनुसृजन ही थी।

---

1. आश्चर्य है कि कई विद्वानों और कबीर के अध्येताओं द्वारा कबीर के रहस्यवाद और उनके रहस्यवादी होनेवाले पक्ष की अनदेखी की गई है। कबीर साहित्य के विद्वान एवं विशेषज्ञ पुरुषोत्तम अग्रवाल ने 'अकथ कहानी प्रेम की : कबीर की कविता और उनका समय' में एवलिन अंडरहिल का कहीं उल्लेख तक नहीं किया है।
2. 'Indian Literature', No. 113, May-June 1986, Sahitya Akademi, p. 53

कबीर के पदों को अंग्रेज़ी गद्य में अनूदित करते हुए मूल पदों में व्यवहृत भाषिक मुहावरे और पैनेपन (स्वर और तेवर) से तनिक बचते हुए, कवि चिन्तक के नाते रवीन्द्रनाथ ने, उन्हें जो अपनी आत्मानुभूति (बल्कि समानुभूति) के निकट जान पड़ा, उसी को अभिव्यक्त किया। यथा—

सुनता नहीं धुन की ख़बर अनहद का बाजा बजता है।
रस मन्द मन्दिर बाजता बाहर सुने तो क्या हुआ॥[1]

रवीन्द्रनाथ, जहाँ आवश्यक जान पड़ता है, वहाँ मूल भाव की रक्षा करते हुए, शब्द-संहति को बदल देते हैं। वह अच्छी तरह जानते हैं कि कबीर किस ओर इंगित कर रहे हैं—असीम और अनहद कभी उनकी दृष्टि से ओझल नहीं होता।

एक अन्य उदाहरण से भी रवीन्द्रनाथ की सर्जनात्मक अनुवाद वृत्ति को समझा जा सकता है। कबीर के प्रसिद्ध पद 'पीले प्याला हो मतवाला प्याला नाम अमीरस का' (संख्या 58) का अर्थ या आशय किसी भी हिन्दी भाषा-भाषी के लिए कठिन नहीं है लेकिन हिन्दीतर या अंग्रेज़ी जाननेवाले पाठक के लिए बोधगम्य हो; इसलिए रवीन्द्रनाथ इसका अनुवाद—"Drink the divine necture of his Name" करते हैं।[2]

रवीन्द्रनाथ ने, कबीर के समान ही उन पदों के चयन को वरीयता दी है, जिनमें प्रियतम परमात्मा को आत्मानुसन्धान द्वारा प्राप्त करने की धुन या लगन है। ऐसे सन्धान और उस सर्वव्यापी सत्ता के सन्धान को—जो समस्त प्राणी की एक-एक श्वास में बसता है। कोई सच्चा सन्धानी या साधक अपने अन्तर में ही उसकी उपस्थिति को अनुभव कर सकता है। कबीर की इस भावना को अपने दीर्घ जीवन और गहन चिन्तन में स्थान देनेवाले रवीन्द्रनाथ ने 'मोको कहाँ ढूँढ़े बन्दे मैं तो तेरे पास में' (पद संख्या 1) को अपने चयन में पहला स्थान दिया है।

इस अत्यन्त प्रचलित पद में कबीर इस सर्वव्यापी परम सत्ता को—किसी विशेष स्थान, पीठ, विग्रह-मन्दिर में या मस्जिद में, तीर्थ या जंगल में, क्रिया या कर्म, योग या वैराग्य में ढूँढ़ने से बचने की सलाह देते हैं—क्योंकि वह इन स्थानों या साधनों में हैं ही नहीं। परमात्मा (ब्रह्म) का सन्धान कबीर (पद संख्या 7 में) देते हैं, जिसकी व्याप्ति दृश्यवान प्रकृति और अदृष्ट सृष्टि में साधक अनुभव करता है—वृक्ष में, उसकी छाँह में, उसके बीज में और अंकुर में। वह अपने आप में

1. Have you not heard the tune which unstruck Music is playing? In the midst of the chamber the harp of joy is gently and sweetly played: and where is the need of going without to hear it ?
2. "That tries its best to reach up to the intensity of the original in terms of a foreign idiom". Ibid, p. 53

ब्रह्म, जीव और माया है, वह शब्द भी है और अर्थ भी। और वह, जो ससीम, असीम और सीमासीम से भी परे—अतीत है। इस प्रकार, कबीर ने परब्रह्म सत्ता का गायन अपने पदों में किया है और रवीन्द्रनाथ ने उनका अनुगायन अपनी शब्दावली में किया है।

रवीन्द्रनाथ ने कबीर के उन पदों के चयन को विशेष महत्त्व दिया है, जो विरहिनी जीवात्मा के परमात्मा से मिलन के साक्षी बने हैं। अगर किसी कारणवश प्रियतम रुष्ट है, दूर है तो प्रणयातुर आत्मांगना अपनी अक्षमता, मूर्खता और फूहड़ता को दोष देती है। आत्मा (प्राणी) यानी जीव अपने प्रियतम परमात्मा का प्रेम और मिलन सुख कैसे प्राप्त कर सके—यही कबीर की साधना की सिद्धि है। इसमें सहज और स्वाभाविक बने रहना ही सबसे कठिन है। सहज ही साधक का अन्यतम साधन और प्रणयात्मा का सबसे मूल्यवान आभूषण है एवं प्रियतम संग पीहर जाने की आन्तरिक आकांक्षा ही सबसे बड़ा सुख। विवाह, गौना, प्रिय-मिलन, शय्या-सुख, पालकी, कहार, नैहर, सखी-सहेली-जैसे समस्त देशज उपकरण—परमात्मा से आत्मा के अनन्य मिलन के ही आध्यात्मिक रूपक-बंध हैं, जिन्हें कबीर ने ही नहीं, परवर्ती मध्यकालीन संतों ने बार-बार दोहराया है। कबीर की तरह 'सहज' को व्यावहारिक जीवन में उतारने की सीख रवीन्द्रनाथ ने अपने एक गीत में दी है—

सहज हबि सहज हबि, ओरे मन सहज हबि—
काछेर जिनिस दूरे रेखे, तार थेके तुइ दूरे र'बि।
केनो जे तोर दु हात पाता—दान तो ना चाइ, चाइ जे दाता—
सहजे तुइ रबि जखन, सहजे तुइ सकल लबि॥

"अरे मन, तू सहज बने रहना! तू अपने निकट की चीज़ों—सांसारिक सम्बन्धों और बन्धनों को दूर रखकर, उनसे दूरी बनाए रखना! तुमने अपने दोनों हाथों को क्यों फैलाए रखा है? तुम्हें दान नहीं, दाता की आवश्यकता होनी चाहिए। तुम जब सहज होकर (कुछ) दोगे, तभी तुम सहज भाव से सब कुछ पा सकोगे।"[1]

अपनी भूमिका में एवलिन अंडरहिल ने अत्यन्त विद्वत्पूर्ण ढंग से कबीर के रहस्यवादी पक्ष पर विशेष बल दिया है। उन्होंने ससीम या असीम—और दोनों से परे परमात्मा की सत्ता को—किसी कल्पना में नहीं बल्कि एकमात्र वास्तविकता के रूप में स्वीकारा है। यही "गुण की कालबद्ध, सोपाधिक और ससीम संसार के साथ निर्गुण की कालातीत, निरुपाधिक और असीम संसार को प्रेरित करता है, उसे सहारा देता है। साथ ही, दोनों में अन्तर्व्याप्त है।"[2] उपरान्त इसके, वह सगुण और

1. 'गीतालि', गीत संख्या 52
2. द्रष्टव्य : भूमिका, एवलिन अंडरहिल

निर्गुण, ससीम और असीम दोनों से अतीत है और दोनों को अतिक्रान्त कर जाता है। कबीर कहते हैं—

सगुण की सेवा करो, निर्गुण का करो ज्ञान।
सगुण निर्गुण ते परे, तहाँ हमारा ध्यान॥

××××

वेद कहे सरगुन के आगे निरगुन का बिसराम।
सरगुन निरगुन तजहु सोहागिन, देख सबहि निजधाम॥

अंडरहिल ने कबीर के परमात्मा के प्रति व्यक्त प्रेम को, समर्पण और भक्ति-भाव को ईसाई मतवाद और इसके प्रवक्ताओं के वक्तव्यों और व्याख्याओं के आलोक में भी परखा है। उनकी बातों को यहाँ दोहराए बिना इस तथ्य की अनदेखी नहीं की जा सकती कि उन्होंने महान सूफ़ी साधक जैकॅपॉन दा तोडी, रोइसब्रूक, बोहमे आदि की रचनाओं के समकक्ष कबीर के पदों में व्यवहृत, मूर्त और इन्द्रियातीत अनुभव एवं भाषा में एकरूपता का दर्शन किया है। ऐसे स्थलों पर कबीर अपने हर्षोन्माद या आनन्दातिरेक में दूसरों को भी सहभागी बनाना चाहते हैं। ऐसे (रहस्यवादी) साधक इस विश्व के आनन्दमय एवं अनिर्वचनीय रहस्य में हिस्सेदार होते हैं—भले ही वे इसे गूँगे के गुड़ की तरह प्रयुक्त करें। समस्त प्राकृतिक उपादान जागतिक और यथार्थ जीवन से सम्बद्ध हैं, जो उनके गहरे सामाजिक संस्कार, व्यवहार एवं आजीविका सम्बन्धी सरोकार से भी जुड़े हैं। कबीर की कुछ श्रेष्ठतम पद-रचनाएँ, अंडरहिल के अनुसार, उन विषयों को लेकर हैं, जो हिन्दू धर्म एवं दर्शन से सम्बद्ध हैं, जैसे—परमात्म लीला, आनन्द सागर, आत्मपंछी, माया-जाल, सहस्र कमल, अरूपी रूप आदि।

इसके साथ ही, भारतीय जीवन के सामान्य परिवेश और सामाजिक परिसर का अनुयोग भी सहज ही लक्ष्य किया जा सकता है, यथा, मन्दिर की घंटियाँ, दीपाराधन, तीर्थयात्रा, बारहमासा, होली (फाग), झूलन आदि। लेकिन इन सबसे अलग, कबीर के जीवन के उस प्रसंग को भी अंडरहिल ने उल्लेखित किया है, जब बनारस के पुरोहितों ने उन्हें दुराचारी साबित करने के लिए एक वेश्या का सहारा लिया था।[1] अंडरहिल ने इस प्रसंग को बाइबिल में उल्लेखित ईसा मसीह और मेरी मैग्दलेन नामक दुराचारिणी के हवाले से भी जोड़ा है, जो बाद में प्रभु ईसा की अनुयायी हो गई थी।

अंडरहिल कबीर को पश्चिमी जगत के सम्मुख एक ऐसे समर्पित साधक, समन्वयक तथा भावक के तौर पर रखना चाहती हैं, जो स्वाभिमानी, मानवधर्मी, कर्मयोगी और निर्लिप्त तो थे ही, पंडितों-पुरोहितों और पोंगापन्थियों के कट्टर

1. रवीन्द्रनाथ ने इस प्रसंग को आधार बनाकर 'अपमान-वर' कविता का प्रणयन किया था।

आलोचक भी रहे। उनकी ब्रह्म-वृत्ति और साधन-पद्धति (सहज साधना) को अंडरहिल ने रवीन्द्रनाथ द्वारा चयनित एवं अनूदित पदों (यथा 7, 26, 15, 67, 76, 90, 97 संख्यक) का उल्लेख कई बार किया है। स्पष्ट है, कबीर के पदों की भावधारा कई दिशाओं से ऊर्जा ग्रहण कर—एक निश्चित लक्ष्य तक पहुँचती है। इसलिए उसकी धार और मार—उनके विपक्षियों और विरोधियों पर गहरा आघात करती है और वे तिलमिलाकर रह जाते हैं। उदाहरण के लिए, किसी 'पांडे' को संकेतित करते हुए कबीर का यह कहना—'साधो पांडे निपुन कसाई'—एक विधर्मी के लिए आज भी, और वह भी, ब्राह्मण वर्चस्ववादी परिवेश (वाराणसी) में कितने दुस्साहस की बात हो सकती है। कबीर यहीं नहीं थमते—वे मुल्ला-मौलवी-पंडित-पुरोहित, पूजा-पाठ, मन्दिर-मस्जिद, वेद-कतेब, काबा-काशी आदि की सत्ता, महत्ता और व्यवस्था सबको चुनौती देते हैं और वह भी केवल 'शबद' (शब्द ब्रह्म, सत्य) के बल पर।[1] साथ ही, अपने परमात्म प्रियतम को, प्रेम, समर्पण, त्याग के सहारे रिझाने का सहज उद्यम उनकी साधना का अनिवार्य अंग है। 'साधो शबद चीन्हो'—कबीर का एकमात्र मंत्र है। 'साधो' सम्बोधन स्वयं 'साधक' कबीर के लिए ही है। यह प्रथमतः एवं अन्ततः आत्मगत ही है—और ऐसे स्व-सम्बोधित पदों/साखियों की संख्या सैकड़ों में है।

कबीर के पदों का पाठानुवाद करते हुए, इसके शब्दाश्रित नहीं, बल्कि भावाश्रित अनुवाद पर ज़ोर दिया। जैसा कि वे 'गीतांजलि' (बांग्ला) के अंग्रेज़ी अनुवाद 'गीतांजलि : सॉन्ग ऑफ़रिंग्स' (Gitanjali : Song Offerings) के प्रसंग में कर चुके थे। इस बारे में उनकी काव्यानुवाद सम्बन्धी अभ्युक्ति अत्यन्त महत्त्वपूर्ण है। वे कहते हैं—"मेरी इच्छा मूल को न्यूनांश में भी छोड़ देने की बात नहीं होती, अगर उसमें भाव अस्पष्ट रहे, तो भी कोई बात नहीं। भाव में कुछ परिमाण में अस्पष्टता भी आवश्यक है—अत्यन्त स्पष्ट होने पर अर्थ छोटा पड़ जाता है। कविता और तत्त्व-विद्या की व्याख्या नहीं होती, इसलिए उनके स्पष्ट शब्दों की माँग करना बेमानी है।"[2]

सम्भवतः काव्यानुवाद की इसी सर्जनात्मकता और महत्ता को ध्यान में रखकर, रवीन्द्रनाथ ने कबीर के 'भक्तिपरक' पाठ पंक्तियों के 'प्रेम-प्रवण' पाठ में अन्तरित कर दिया—यथा,

---

1. *अवधू बेगम देस हमारा।*
राजा रंक फकीर बादशा, सबसे कहौं पुकारा॥...
ऐसो रहन रहो रे प्यारे, सहज उतर जाब पारा।
धरन अकास गगन कछु नाहि नहीं चन्द्र नहीं तारा॥
सत्त धर्म की है महताबे, साहब के दरबारा।
कहैं कबीर सुनो हो प्यारे, सत्त धर्म है सारा॥
2. 'रवि जीवनी' : प्रशान्त कुमार पाल, खंड 6, (क्षितिमोहन को रवीन्द्रनाथ का पत्र, पृ. 163)

भक्ति का मारग झीना रे...

... ...

साईं सेबन में देत सिर कछु विलम नहीं कीना रे।
कहैं कबीर मत भक्ति का, पथघट कह दीना रे॥

(पद संख्या 55)

"Subtle is the path of love!

... ...

The lover is never slow in offering his head for his Lord's service.

Kabir declares the secret of this love."

भक्ति को प्रेम में परिणत करनेवाली इसी अवधारणा की पुष्टि के लिए एक और उदाहरण प्रस्तुत है—

साध संगम पीतम उहाँ चल जाइए।
भाव भक्ति उपदेस तहाँ ते पाइए॥

(पद संख्या 71)

Go THOU to the Company of good, where the Beloved One has His dwelling place: Take all thy thoughts and love and instruction from thence.

इस तथ्य को स्वीकार करने में कोई कठिनाई नहीं होनी चाहिए कि रवीन्द्रनाथ एक सर्जक, चिन्तक एवं भावक के नाते कबीर के पदों का अनुवाद करते हुए रचनात्मक स्वतंत्रता ली है।

कबीर की कृतियों पर पिछले सौ-सवा सौ वर्षों में विपुल लेखन एवं अनुसन्धान हुआ है। लेकिन आचार्य क्षितिमोहन सेन लिखित कबीर और कविगुरु रवीन्द्रनाथ ठाकुर अनूदित/अनुसृजित 'वन हंड्रेड पोएम्स ऑव कबीर' ने इस दिशा में अग्रणी भूमिका निबाही है। मुझे प्रसन्नता है कि मैंने इन दोनों विशिष्ट कृतियों (बांग्ला और अंग्रेज़ी से) हिन्दी में अनुवाद-सह-सम्पादन कर हिन्दी विद्वत् समाज के सम्मुख रखने का साहस किया है। सेन महाशय कृत 'कबीर' (साहित्य अकादेमी, नई दिल्ली से प्रकाशित) को विद्वानों की पर्याप्त सराहना प्राप्त हुई है, जिसे मैं अपना सौभाग्य मानता हूँ।

रवीन्द्रनाथ ठाकुर द्वारा अनूदित 'वन हंड्रेड पोएम्स ऑव कबीर' को 'कबीर के सौ पद' शीर्षक से हिन्दी में अनूदित करते हुए, मुझे अपनी सीमाओं का भी ध्यान था; लेकिन इस कार्य को पूरा करने का संकल्प भी मैंने कर रखा था। अंग्रेज़ी में

लिखित इसकी विद्वत्पूर्ण भूमिका (एवलिन अंडरहिल लिखित) के हिन्दी अनुवाद ने भी काफ़ी समय लिया।

'कबीर के सौ पद' को प्रकाशित करने के लिए मैं राजकमल प्रकाशन समूह के स्वामी श्री अशोक महेश्वरी जी का अत्यन्त आभारी हूँ। वह मुझे प्रस्तुत कार्य को पूरा करने के लिए निरन्तर उत्साहित करते रहे और अब उन्होंने इसे सुरुचिपूर्ण ढंग से प्रकाशित किया है। आशा है, इस कृति को हिन्दी संसार के विद्वानों, विशेषज्ञों एवं कबीर के अध्येताओं द्वारा स्वागत होगा। उनकी प्रतिक्रियाओं की भी प्रतीक्षा रहेगी।

—रणजीत साहा

1

मोको कहाँ ढूँढ़ो बन्दे, मैं तो तेरे पास में।
ना मैं देवल ना मैं मसजिद, ना काबे कैलास में।
ना तौ कौने क्रिया-कर्म में, नहीं जोग बैराग में॥
खोजी होए तो तुरतै मिलिहौं, पल भर की तालास में।
कहैं कबीर सुनो भाई साधो, सब स्वाँसों की स्वाँस में॥

O SERVANT, where dost thou seek Me?

Lo! I am beside thee.

I am neither in temple nor in mosque: I am neither in Kaaba nor in Kailash:

Neither am I in rites and ceremonies, nor in Yoga and renunciation.

If thou art a true seeker, thou shait at once see Me: thou shalt meet Me in a moment of time.

Kabir says, 'O Sadhu! God is the breath of all breath.'

अरे बन्दे, तुम मुझे कहाँ ढूँढ़ रहे हो?
मैं तो तुम्हारे पास हूँ
मैं किसी मन्दिर में नहीं, मस्जिद में नहीं।
मैं न तो काबा में हूँ और न कैलास में,
मैं किसी क्रिया या कर्म में भी नहीं
और न किसी योग या वैराग में।
अगर तुम सच्चे सन्धानी हो, तो मैं तुरत तुम्हें मिल जाऊँगा।
ढूँढ़ोगे तो पल भर में पा जाओगे।
कबीर कहते हैं, "ओ साधु, प्रभु समस्त प्राणी के एक-एक श्वास में हैं।"

2

संतन जात न पूछो निरगुनियाँ।
साध ब्राह्मण, साध छत्तरी, साधै जाती बनियाँ।
साधन माँ छत्तीस कौम है, टेढ़ी तोर पुछनियाँ॥
साधै नाऊ साधै धोबी, साध जाति है बरियाँ।
साधन माँ रैदास संत हैं, सुपच ऋषि सो भँगियाँ॥
हिन्दु-तुर्क दुई दीन बने हैं, कछू नहीं पहचनियाँ॥

IT is NEEDLESS to ask of a saint the caste to which he belongs;

For the priest, the warrior, the tradesman, and all the thirty-six castes, alike are seeking for God.

It is but folly to ask what the caste of a saint may be;

The barber has sought God, the washer-woman, and the carpenter—

Even Raidas was a seeker after God.

The Rishi Swapacha was a tanner by caste.

Hindus and Moslems alike have achieved that End, where remains no mark of distinction.

साधु से यह पूछना बेकार है कि वह किस जाति का है;
क्योंकि ब्राह्मण, क्षत्रिय और वैश्य और छत्तीस जातियाँ—
सभी एक समान ढंग से ईश्वर का सन्धान कर रहे हैं।
साधु को जाति के बारे में सवाल करना अजीब-सा लगता है;
नाई ने, धोबी ने और बढ़ई ने प्रभु को ढूँढ़ा है—
यहाँ तक कि रैदास भी प्रभु के सन्धानी थे।
श्वपच ऋषि तो जाति के चमार थे।
हिन्दुओं और मुसलमानों ने भी उन्हें प्राप्त किया है।
इनके बीच किसी प्रकार का अन्तर नहीं किया गया।

3

साधो भाई जीवत ही करो आसा।
जीवत समझे जीवत बूझे जीवत मुक्ति निवासा।
जीवत करम की फाँस न काटी मुए मुक्ति की आसा॥
तन छूटे जिव मिलन कहत है सो सब झूठी आसा।
अबहुँ मिला सो तबहुँ मिलेगा नहिं तो जमपुर वासा॥
सत्त गहे सतगुरु को चीन्हे सत्त नाम विश्वासा।
कहैं कबीर साधन हितकारी हम साधन के दासा॥

O FRIEND! hope for Him whilst you live, know whilst you live, understand whilst you live: for in life deliverance abides.

If your bonds be not broken whilst living, what hope of deliverance in death?

It is but an empty dream, that the soul shall have union with Him because it has passed from the body:

If He is found now, He is found then,
If not, we do but go to dwell in the City of Death.
If you have union now, you shall have it hereafter.
Bathe in the truth, know the true Guru, have faith in the true Name!
Kabir says: 'It is the Spirit of the quest which helps; I am the slave of this Spirit of the quest.'

अरे बन्धु, इस जीवन में उनसे मिलन की आशा करो!
इसी जीवन में अच्छी तरह समझ लो
कि जीवन के मध्य ही मुक्ति निहित है।
जीवित रहते हुए अगर कर्म का बन्धन नहीं टूटे
तो मरने के बाद मुक्ति की आशा कैसी?
देह-पात होने के बाद उनके संग मिलन होगा, यह मिथ्या स्वप्न है।

अगर वे अभी मिल जाएँ तो उस समय भी मिल जाएँगे।
ऐसा न होने पर, यमपुर में तुम्हारा वास होगा।
सत्य का अवगाहन करो, सद्गुरु को जानो, सत्यनाम में विश्वास करो!
कबीर कहते हैं, "मैं अन्तरात्मा का दास हूँ
और इसका सन्धानी हूँ क्योंकि इसमें अन्तरात्मा ही सहायक है।"

4

बागो ना जा रे ना जा, तेरे काया में गुलजार।
सहस कँवल पर बैठ के, तू देखे रूप अपार॥

DO NOT GO TO the garden of flowers!
O Friend! go not there;
In your body is the garden of flowers.
Take your seat on the thousand petals of the lotus, and there gaze on the Infinite Beauty.

किसी बाग़-बग़ीचे मत जाओ!
अरे बन्धु, किसी पुष्पवन में मत जाओ!
तुम्हारे अन्तर में ही पुष्पवन स्थित है।
तुम सहस्रदल कमल पर आसन जमाकर
उनके अपार सौन्दर्य का दर्शन करो।

5

अवधू माया तजी न जाई।
गिरह तज के बस्तर बाँधा बस्तर तज के फेरी॥
काम तजे ते क्रोध न जाई क्रोध तजे ते लोभा।
लोभ तजे अहंकार न जाई मान बड़ाई सोभा॥
मन वैरागी माया त्यागी शब्द में सुरत समाई।
कहें कबीर सुनो भाई साधो यह गम बिरले पाई॥

TELL ME, Brother, how can I renounce Maya?

When I gave up the tying of ribbons, still I tied my garment about me: When I gave up tying my garment, still I covered my body in its folds.

So, when I give up passion, I see that anger remains;

And when I renounce anger, greed is with me still;

And when greed is vanquished, pride and vain-glory remain;

When the mind is detached and casts Maya away, still it clings to the letter.

Kabir says, 'Listen to me, dear Sadhu! the true path is rarely found.'

अरे भाई, तुम यह बता सकते हो
कि मैं माया का त्याग कैसे कर सकता हूँ?
जब मैं वसन की गाँठ त्यागने लगा
तो बिना सिला वसन बाँधने लगा।
फिर मैंने वसन लपेटने का अभ्यास डाल लिया।
काम का त्याग किया तो क्रोध आ धमका
क्रोध को छोड़ा तो लोभ रहने लगा,
जब लोभ का त्याग किया
तब अहंकार, अभिमान और श्रेष्ठता का गर्व उपस्थित हो गया।

मन जब निर्लिप्त हो जाता है तब यह माया का परित्याग कर देता है।
यद्यपि मन सुरत में समाया रहता है।
कबीर कहते हैं, "ओ प्रिय साधु, मेरी बात सुनो!
सत्य का पथ कोई विरला ही पा सकता है।"

6

चन्दा झलकै यहि घट माहीं
अन्धी आँखन सूझै नाहीं॥
        यहि घट चन्दा यहि घट सूर,
        यहि घट गाजै अनहद तूर॥
यहि घट बाजै तबल निसान।
बहिरा शब्द सुनै नहिं कान॥
        जब लग मेरी मेरी करे।
        तब लग काज एकौ न सरे॥
जब मेरी ममता मर जाय।
तब लग प्रभु काज सवारै आय॥
        ज्ञान के कारन करम कमाय।
        होए ज्ञान तब करम नसाय॥
फल कारन फूलै बन राय।
फल लागै पर फूल सुखाय॥
        मृगा पास कस्तूरी वास।
        आप न खोजै खोजै घास॥

THE MOON shines in my body, but my blind eyes cannot see it:

The moon is within me, and so is the sun.

The unstruck drum of Eternity is sounded within me; but my deaf ears cannot hear it,

So long as man clamours for the I and the Mine, his works are as naught:

When all love of the I and the Mine is dead, then the work of the Lord is done.

For work has no other aim than the getting of knowledge:

When that comes, then work is put away.

The flower blooms for the fruit: when the fruit comes, the flower withers.

The musk is in the deer, but it seeks it not within itself: it wanders in quest of grass.

मेरी काया में ही चन्द्रमा चमकता है
लेकिन मेरी आँखें उसे देख नहीं पातीं।
मेरे मध्य ही सूर्य विराज रहा है
मेरे मध्य ही असीम का तूर्ण बज रहा है
मेरे मध्य ही मृदंग का ताल बज रहा है,
लेकिन मेरे बहरे कान उसे सुन नहीं पा रहे।
जब तक लोग 'मैं' और 'मेरा' चिल्लाते रहते हैं
तब तक कोई कार्य पूरा नहीं होता।
जब 'मैं' और 'मेरा मन' मर जाता है
तभी प्रभु का कार्य सुसम्पन्न होता है।
ज्ञान के लिए ही कर्म किया जाता है,
ज्ञान प्राप्त होने पर कर्म विनष्ट हो जाता है।
फल के लिए ही पुष्प प्रस्फुटित होता है,
फल फूलने पर फूल अपने आप झर जाता है
मृग के मध्य ही कस्तूरी होती है
लेकिन वह इसे स्वयं में नहीं खोजता
वह इसे घास-घास में ढूँढ़ता फिरता है।

7

साधो ब्रह्म अलख लखाया
जब आप आप दरसाया॥
बीज मद्ध ज्यों वृच्छा दरसै,
वृच्छा मद्धे छाया॥
ज्यों नभ मद्धे सुन्न देखिए
सुन्न अनन्त आकारा।
निःअच्छरते अच्छर तैसे
अच्छर छर विस्तारा॥
ज्यों रवि मद्धे किरण देखिए
किरण मद्ध परकासा।
परमातम में जीव ब्रह्म इमि,
जीव मद्ध तिमि स्वाँसा॥
स्वासा मद्धे शब्द देखिए
अर्थ शब्द के माहीं।
ब्रह्म ते जीव जीवते मन ज्यों
न्यारा मिला सदा ही॥
आपहि बीज वृच्छ अंकुरा
आप फूल फल छाया।
आपहि सूर किरण परकासा,
आप ब्रह्म जिउ माया॥
अनन्ताकार सुन्न नभ आपै
स्वाँस शब्द अरथाया।
निःअच्छर अच्छर छर आपै
मन जीव ब्रह्म समाया॥
आतम में परमातम दरसै
परमातम में झाँईं।

झाँईं में परछाईं दरसे
लखै कबीरा साईं॥

WHEN HE Himself reveals, Himself, Brahma brings into manifestation That which can never be seen.

As the seed is in the plant, as the shade is in the tree, as the void is in the sky, as infinite forms are in the void—

So from beyond the Infinite, the Infinite comes; and from the Infinite the finite extends.

The creature is in Brahma, and Brahma is in the creature: they are ever distinct, yet ever united.

He Himself is the tree, the seed, and the germ.
He Himself is the flower, the fruit, and the shade.
Himself is the sun, the light, and the lighted.
He Himself is Brahma, creature, and Maya.
He Himself is the manifold form, the infinite space;
He is the breath, the word, and the meaning.

He Himself is the limit and the limitless: and beyond both the limited and the limitless is He, the Pure Being.

He is the Immanent Mind in Brahma and in the creature.
The Supreme Soul is seen within the soul,
The Point is seen within the Supreme Soul,
And within the Point, the reflection is seen again.
Kabir is blest because he has this supreme vision!

ब्रह्म स्वयं ही आविर्भूत होता है
किन्तु उसका अवतरण कभी दिखाई नहीं देता।
बीज में जैसे वृक्ष है, वृक्ष में जैसे छाँह,
आकाश में जैसे शून्य—वैसे ही शून्य में
असीम आकार ग्रहण करता है।
असीम से ही असीम विस्तार प्राप्त करता है।
ब्रह्म में जीव है और जीव में ब्रह्म।
वे एक-दूसरे से सर्वथा वियुक्त हैं, तथापि सदैव संयुक्त हैं।
वे स्वयं वृक्ष हैं, स्वयं बीज हैं और स्वयं अंकुर।
वे फूल हैं, फल हैं और छाँह भी।
वे स्वयं सूर्य, प्रकाश एवं स्वयं प्रकाशित हैं।

वे स्वयं ब्रह्म, जीव और माया हैं।
वे अपने में अनन्त आकार हैं,
वे स्वयं अनन्त आकाश और वे ही श्वास हैं;
शब्द भी हैं एवं अर्थ भी।
वे ससीम, असीम और सीमासीम से अतीत हैं।
वे मन, जीव और ब्रह्म में समाहित हैं।
आत्मा में ही परमात्मा का दर्शन होता है
परमात्मा के मध्य बिंदु दीख पड़ता है
और बिंदु के मध्य प्रतिबिम्ब दिखाई पड़ता है—
इस अलौकिक दृश्य को देखकर कबीर धन्य है।

8

इस घट अन्तर बाग बगीचे, इसी में सिरजनहारा।
इस घट अन्तर सात समुन्दर, इसी में नौलख तारा॥
इस घट अन्तर पारस मोती, इसी में परखनहारा।
इस घट अन्तर अनहद गरजै, इसी में उठत फुहारा।
कहत कबीर सुनो भाई साधो, इसी में साईं हमारा॥

WITHIN THIS earthen vessel are bowers and groves, and within it is the Creator:
Within this vessel are the seven oceans and the unnumbered stars.
From the touchstone and the jewel-appraiser are within;
And within this vessel the Eternal soundeth, and the spring wells up.
Kabir says: 'Listen to me, my friend! My beloved Lord is within.'

इसी घट में कुंज-निकुंज है, इसी में इसके स्रष्टा हैं।
इसी घट के मध्य सप्त समुद्र हैं, इसी में अनगिन तारे
इसी घट में पारसमणि है और इसी में पारखी।
इसी घट में असीम का स्वर निनादित हो रहा है
और इसी में से स्रोत फूट रहा है।
कबीर कहते हैं, अरे भाई साधो, इसी में मेरा प्यारा प्रभु है।

9

ऐसा लो नहिं तैसा लो,
मैं केहि विधि कथौं गम्भीरा लो।
भीतर कहूँ तो जगमग लाजै,
बाहर कहूँ तो झूठा लो॥
बाहर-भीतर सकल निरन्तर
चित-अचित दऊ पीठा लो।
दृष्टि न मुष्टि परगट अगोचर,
बातन कहा न जाई लो॥

O HOW MAY I ever express that secret word?
O how can I say He is not like this, and He is like that?
If I say that He is within me, the universe is ashamed:
If I say that He is without me, it is falsehood.
He makes the inner and the outer worlds to be indivisibly one;
The conscious and the unconscious, both are His footstools.
He is neither manifest nor hidden, He is neither revealed nor unrevealed: There are no words to tell that which He is.

भला किस प्रकार मैं उस रहस्यमय शब्द के बारे में बताऊँ?
कैसे बताऊँ कि वे ऐसे हैं और वैसे भी नहीं हैं।
अगर कहूँ कि वे मेरे अन्तर में हैं तो यह संसार लज्जित हो जाएगा,
अगर कहूँ कि वे मेरे बिन हैं तो वह बात झूठी होगी।
वे बाहर-भीतर सबको निरन्तर एक किए हुए हैं।
चेतन और अचेतन दोनों उनके पादपीठ हैं।
वे दृष्ट भी नहीं, अदृष्ट भी नहीं; प्रगट भी नहीं, अगोचर भी नहीं।
वे न तो प्रकट हैं और न अप्रकट।
उन्हें शब्दों में व्यक्त नहीं किया जा सकता।

10

तोहि मोरि लगन लगाए रे फकिरवा।
सोवत ही मैं अपने मन्दिर में,
शबद मार जगाए रे फकिरवा॥
बूड़त ही भव के सागर में
बँहिया पकर समुझाए रे फकिरवा॥
एकै वचन दूजै वचन नहिं
तुम मोसे बन्द छुड़ाए रे फकिरवा॥
कहैं कबीर सुनो भाई साधो,
प्राणन प्रान लगाए रे फकिरवा॥

TO THEE Thou hast drawn my love, O Fakir!

I was sleeping in my own chamber, and Thou didst awaken me; striking me with Thy voice, O Fakir!

I was drowning in the deeps of the ocean of this world, and Thou didst save me: upholding me with Thine arm, O Fakir!

Only one word and no second—and Thou hast made me tear off all my bonds, O Fakir!

Kabir says, 'Thou hast united Thy heart to my heart, O Fakir!'

अरे फ़क़ीर, तुमने मुझे अपने प्रेम पाश में बाँध लिया।
मैं तो अपने कक्ष में सोई हुई थी,
और तुमने अपने स्वर के आघात से जगा दिया।
अरे फ़क़ीर, मैं तो भव सागर में डूब रही थी
लेकिन तुमने अपने हाथों मेरी बाँह पकड़ मेरी रक्षा की।
मात्र एक ही शब्द द्वारा, बिना किसी और बात के,
अरे फ़क़ीर, तुमने मुझे समस्त बन्धनों से छुड़ा दिया।
कबीर कहते हैं, "अरे फ़क़ीर, तुमने अपने प्राणों से
मेरे प्राणों को जोड़ दिया।"

11

निसदिन खेलत रही सखियन संग
मोहि बड़ा डर लागे।
मोरे साहब की ऊँची अटरिया
चढ़त में जियरा काँपे॥
जो सुख चहै तो लज्जा त्यागे
पिया से हिलमिल लागे।
घूँघट खोल अंग भर भेंटे,
नैन आरती साजे॥
कहैं कबीर सुनो सखी मोर,
प्रेम होय सो जाने।
निज प्रीतम की आस नहीं है,
नाहक काजर पारे॥

I PLAYED day and night with my comrades, and now I am greatly afraid.

So high is my Lord's palace, my heart trembles to mount its stairs: yet I must not be shy, if I would enjoy His love.

My heart must cleave to my Lover; I must withdraw my veil, and meet Him with all my body:

Mine eyes must perform the ceremony of the lamps of love.

Kabir says: 'Listen to me, friend: he understands who loves. If you feel not love's longing for your Beloved One, it is vain to adorn your body, vain to put unguent on your eyelids.'

मैं तो दिन और रात केवल सखियों के संग खेलती रही।
अब मुझे बड़ा भय सता रहा है
मेरे स्वामी की बड़ी ऊँची अट्टालिका है,

उस पर चढ़ते हुए मेरे प्राण काँपते हैं।
उनसे मिलन का आनन्द पाना हो लाज छोड़नी पड़ेगी।
प्रियतम के संग हृदय को जोड़े रखना होगा;
लाज-संकोच छोड़, उनसे भरपूर अंग लगकर मिलना होगा।
अपने नयनों में प्रेम की आरती सजानी पड़ेगी।
कबीर कहते हैं, "अरी सखी सुन!
वह जानते हैं कि उसे कौन प्रेम करता है।
अपने प्रियतम के लिए अगर तुममें तड़प नहीं
तो तुम्हारा साज-सिंगार करना बेकार है,
और आँखों में काजल आँजना बेमानी है।"

12

हंसा कहो पुरातन बात।
कौन देस से आया हंसा
उतरना कौन घाट।
कहाँ हंसा बिसराम किया है
कहाँ लगाये आस॥
अबही हंसा चेत सबेरा
चलो हमारे साथ।
संसय सोक वहाँ नहिं ब्यापै,
नहीं काल कै त्रास॥
हिआँ मदन वन फूल रहे हैं
आवै सोहं वास।
मन भौंरा जहँ अरुझ रहे हैं,
सुख की ना अभिलास॥

TELL ME, O Swan, your ancient tale.

From what land do you come, O Swan? to what shore will you fly? Where would you take your rest, O Swan, and what do you seek? Even this morning, O Swan, awake, arise, follow me!

There is a land where no doubt nor sorrow have rule: where the terror of Death is no more.

There the woods of spring are a-bloom, and the fragrant scent 'He is I' is borne on the wind:

There the bee of the heart is deeply immersed, and desires no other joy.

ओ हंस, तुम मुझे वही पुरानी कहानी सुनाओ!
ओ हंस, तुम कौन-से देश से आ रहे हो!

और किस घाट पर उतरोगे?
ओ हंस, तुम विश्राम कहाँ पर करोगे,
तुम्हें किससे मिलन की चाह है?
ओ हंस, तुम सुबह-सवेरे ही जग जाना,
और मेरे साथ चल पड़ना।
वहाँ किसी तरह का संशय और शोक नहीं व्यापता
वहाँ मृत्यु का भय नहीं सताता।
वहाँ वसंत कानन पुष्पित है
और 'वह ही मैं'—सोहऽम्—की सुवास बयार में तिरती रहती है।
मन का भ्रमर जहाँ आसक्त हो रहा है,
लेकिन उसके मन में किसी अन्य आनन्द की आकांक्षा नहीं।

13

अनगढ़िया देवा कौन करे तेरी सेवा॥
गढ़े देव को सब कोई पूजै नित ही लावै सेवा।
पूरण ब्रह्म अखंडित स्वामी ताको न जानै भेवा॥
दश औतार निरंजन कहिए सो अपना ना होई।
यह तो अपनी करनी भोगैं कर्ता और ही कोई॥
जोगी जती तपी संन्यासी आप आप में लड़ियाँ।
कहैं कबीर सुनो भाई साधो, राग लखै सो तरियाँ॥

O LORD Increate, who will serve Thee?

Every votary offers his worship to the God of his own creation: each day he receives service—

None seek Him, the Perfect: Brahma, the Indivisible Lord.

They believe in ten Avatars; but no Avatar can be the Infinite Spirit for he suffers the results of his deeds:

The Supreme One must be other than this.

The Yogi, the Sanyasi, the Ascetics, are disputing one with another:

Kabir says, 'O brother! he who has seen that radiance of love, he is saved.'

ओ अनगढ़े देवता, तुम्हारी सेवा कौन करेगा?
सुघड़ देवता की पूजा तो सभी करते हैं,
जो कि उन्हीं की रचना है।
दिन-रात उनकी सेवा-पूजा करते रहते हैं।
लेकिन जो पूर्ण है, ब्रह्म है, अखंडित है, स्वामी है—
उसकी सुध-बुध कोई नहीं लेता।
वे दश अवतार में विश्वास करते हैं
किन्तु कोई अवतार परमात्मा नहीं हो सकता,

क्योंकि अवतार को भी अपना कर्मफल भोगना पड़ता है
फिर कर्ता तो निश्चय ही कोई अन्य परम सत्ता है।
जोगी, जती, तपस्वी, संन्यासी—ये सभी वाद-विवाद में उलझे हैं।
कबीर कहते हैं, "अरे भाई सुनो, जिसने उनकी प्रेम-दीप्ति को देखा है,
वही मुक्त हो गया है।"

14

दरिया की लहर दरियाब है जी
        दरिया और लहर में भिन्न कोयम्।
उठे तो नीर है बैठे तो नीर है
        कहो जी दूसरा किस तरह होयम्॥
उसी को फेर के नाम लहर धरा
        लहर के कहे क्या नीर खोयम्।
जक्त ही फेर सब जक्त परब्रह्म में
        ज्ञान कर देख माल गोयम्॥

THE RIVER and its waves are one surf: where is the difference between the river and its waves?

When the wave rises, it is the water; and when it falls, it is the same water again. Tell me, Sir, where is the distinction?

Because it has been named as wave, shall it no longer be considered as water?

Within the Supreme Brahma, the worlds are being told like beads:
Look upon that rosary with the eyes of wisdom.

नदी और इसकी तरंगें एक ही हैं।
नदी और इसकी तरंगों में अन्तर कहाँ है?
जब तरंगें उठती हैं तो इनमें जल ही होता है
और जब ये तरंगें गिरती हैं तो इनमें वही जल होता है।
तो फिर बताइए मान्यवर कि इनमें कहाँ है अन्तर?
अगर इसे तरंग का नाम दिया गया
तो क्या यह केवल नाम के कारण जल से अलग हो गया?
इसे परब्रह्म के अधीन, सृष्टियों की जपमाला के
दानों की तरह बताया गया है।
ज्ञान-चक्षु से इस जपमाला को देखो!

15

जहँ खेलत बसंत रितुराज
जहाँ अनहद बाजा बजै बाज॥
चहुँ दिस जोति को बहै धार
बिरला जन कोई उतरे पार॥
कोटि कृष्ण जहाँ जोड़ हाथ
कोटि विष्णु जहँ नवैं माथ॥
कोटि ब्रह्मा पढ़ैं पुरान
कोटि महेश जहँ धरै ध्यान॥
कोटि सरस्वती धरै राग
कोटि इन्द्र जहँ गगन लाग॥
सुर गन्धर्व मुनि गनें न जायँ
जहँ साहब प्रगटे आप आय॥
चोवा चन्दन और अबीर
पुहुप वास रस रह्यो गम्भीर॥

WHERE SPRING, the lord of the seasons, reigneth, there the Unstruck Music sounds of itself,

There the streams of light flow in all directions;
Few are the men who can cross to that shore!
There, where millions of Krishnas stand with hands folded,
Where millions of Vishnus bow their heads,
Where millions of Brahmâs are reading the Vedas,
Where millions of Shivas are lost in contemplation,
Where millions of Indras dwell in the sky,
Where the demi-gods and the munis are unnumbered,
Where millions of Saraswatis, Goddess of Music, play on the vina—

There is my Lord self-revealed: and the scent of sandal and flowers dwells in those deeps.

जहाँ बसंत, ऋतुराज का शासन है,
वहाँ अपने आप अनहद संगीत गूँजने लगता है।
ज्योति की धारा चतुर्दिक् प्रवाहित है,
कोई विरला ही उसे पार कर सकता है।
जहाँ कोटि कृष्ण हाथ जोड़े खड़े हैं;
कोटि विष्णु सिर नवाए हुए हैं,
कोटि ब्रह्मा वेद-पाठ कर रहे हैं;
कोटि महादेव ध्यान में निमग्न हैं
और कोटि इन्द्र गगन में अवस्थित हैं
सुर-गन्धर्व और मुनियों की तो गिनती ही नहीं है।
वहाँ कोटि सरस्वती, संगीत की देवी, वीणा पर सुर साध रही हैं।
वहाँ चोआ-चन्दन और पुष्प-सुरभि पूरी तरह फैली हुई है।

16

जहँ चेत अचेत खंभ दोऊ मन रच्या है हिंडोर।
तहँ झूलैं जीव जहान जहँ कतहुँ नहिं थिर ठौर॥
और चन्द सूर दोऊ झूलैं नाहीं पाबै अन्त।
चौरासी लच्छहु जिव झूलैं झूलैं रवि ससि धाय॥
कोटिन कल्प जुग बीतिया आने न कबहूँ हाय॥
धरणी आकासहु दोऊ झूलैं झूलैं पवनहु नीर।
धरि देह हरि आपहु झूलैं जो लखहिं दास कबीर॥

BETWEEN THE poles of the conscious and the unconscious, there has the mind made a swing:

Thereon hang all beings and all worlds, and that swing never ceases its sway.

Millions of beings are there: title sun and the moon in their courses are there:

Millions of ages pass, and the swing goes on.

All swing! the sky and the earth and the air and the water; and the Lord Himself taking form:

And the sight of this has made Kabir a servant.

जहाँ चेतन और अचेतन दो स्तंभों के मध्य
मन ने एक हिंडोला रचा है।
इस हिंडोले पर समस्त जीव और जगत झूल रहे हैं;
इस झूले की गति कभी मन्द नहीं होती।
चन्द्र और सूर्य इस झूले पर पूरी गति से झूल रहे हैं,
जिसका कोई अन्त नहीं है।

वहाँ असंख्य प्राणी झूला झूल रहे हैं।
कोटि कल्प-युग बीत गए,
लेकिन इस झूले में कभी ठहराव नहीं आया।
सभी झूल रहे हैं—धरती और आकाश, पवन और जल
इनके साथ स्वयं स्वामी देह धारण कर झूल रहे हैं;
इन दृश्यों को कबीरदास निहार रहे हैं।

17

झूलन

1

ग्रह चन्द्र तपन जोत बरत है[1]
सुरत राग निरत तार बाजै।
नौबतिया घूरत है रैन दिन सुन्न में
कहैं कबीर पिऊ गगन गाजै॥

2

क्षण और पलक की आरती कौन सी
रैन दिन आरती विश्व गावै।
घूरत निस्सान तहँ गैब की झालरा
गैब की घंटे का नाद आवै॥
कहें कबीर तहँ रैन दिन आरती
जगत के तख्त पर जगत साईं॥

3

कर्म और भर्म संसार सब करत है
पिब की परख कोई प्रेमी जानै।
सुरत और निरत धार मन में पकड़ कर
गंग और जमन के घाट आनै॥
नीर निर्म्मल जहाँ रैन दिन झरत है
जनम और मरन तब अन्त पाई॥

1. यहाँ झूलन के पदों की संख्या पाठकों की सुविधा के लिए जोड़ दी गई है।

4

देख वोजूद में अजब विसराम है
होय मौजूद तो सही पावै।
सुरत की डोर सुख सिंध का झूलना
घोर की सोर तहँ नाद गावै॥
नीर बिन कँवल तहँ देख अति फुलिया
कहैं कबीर मन भवर छावै॥

5

चक्र के बीच में कँवल अति पुलिया
तासु का सुकथ कोई संत जानै।
शब्द की घोर चहुँ ओर होत है
असीम समुन्दर की सुक्ख मानै।
कहैं कबीर यूँ डूब सुख सिंध में
जनम और मरन का मर्म भानै॥

6

पाँच की प्यास तहँ देख पूरी भई
तीन की ताप तहँ लगै नाहीं।
कहैं कबीर यह अगम का खेल है
गैब का चाँदना देश माही॥
जनम मरन जहाँ तारी परत है
होत आनन्द तहँ गगन गाजै।
उठत झनकार तहँ नाद अनहद घूरै
तिरलोक महल के प्रेम बाजै॥

7

चन्द्र तपन कोटि दीप बरत है
तूर बाजै तहाँ संत झूलै।
प्यार झनकार तहँ नूर बरसत रहै
रस पीवै तहँ भक्त भूलै॥

8

जनम मरन बीच देख अन्तर नहीं
दच्छ और वाम यूँ एक आही।
कहैं कबीर या सैन गूँगा तँई
वेद कतेब की गम्म नाहीं॥

9

अधर आसन किया अगम प्याला पिया
जोग की मूल गह जुगति पाई।
पन्थ बिन जाय चल सहर बेगमपुरे
दया जगदेव की सहज आई॥
ध्यान धर देखिया नैन बिन पेखिया
अगम अगाध सब कहत गाई॥
सहर बेगम पुरा गम्म को ना लहै
होए बेगम्म जो गम्म पावै।
गुना की गम्म ना अजब बिसराम है
सैन जो लखै सोई सैन गावै॥

10

मुक्त बानी तिको स्वाद कैसे कहै
स्वाद पावै सोई सुक्ख मानै।
कहैं कबीर या सैन गूँगा तईं
होए गूँगा जोई सैन जानै॥

11

छक्याँ अवधूत सन्तान माता रहै
ज्ञान वैराग्य सुधि लिया पूरा।
स्वाँस उस्वाँस का प्रेम प्याला पिया
गगन गरजै तहाँ बजै तूरा॥

12

बिन ताँतिया नाद गाता रहै
जतन जरना लिया सदा खेलै।

कहैं कबीर प्रान प्रानसिंध में मिलावे
परम सुखधाम तहँ प्रान मेलै॥

13

आठहु पहर मतवाल लागी रहै
आठहू पहर की छाक पीवै।
आठहु पहर मस्तान माता रहै
ब्रह्म के देह में भक्त जीवै॥

14

साँच की कहत और साँच ही गहत है
काँच कूँ त्याग कर साँच लागा।
कहैं कबीर यूँ भक्त निर्भय हुया
जनम और मरन का मर्म भागा॥

15

गगन गरजे तहाँ सदा पारस झरै
होत झनकार नित बजत तूरा॥
गगन के भवन में गैब का चाँदना
उदय और अन्त का नाँव नाहीं।
दिवस और रैन तहँ नेक नहीं पाइए
प्रेम परकास के सिंध माहीं॥

16

सदा आनन्द दुख दुंद व्यापे नहीं
पूरनानन्द भरपूर देखा।
भर्म और भ्रान्ति तहँ नेक नहिं पाइए
कहैं कबीर रस एक पेखा॥

17

खेल ब्रह्मांड का पिंड में देखिया
जगत की भरम दूर भागी।

बाहरा भितरा एक आकाशवत
धरिया में अधर भरपूर लागी॥

18

देख दीदार मस्तान मैं होय रह्यो
सकल भरपूर है नूर तेरा।
ज्ञान का थाल और प्रेम दीपक है
अधर आसन किया अगम डेरा॥
कहैं कबीर तहाँ भर्म भासै नहीं
जनम और मरन का मिटा फेरा॥

THE LIGHT of the sun, the moon, and the stars shines bright:

The melody of love swells forth, and the rhythm of love's detachment beats the time.

Day and night, the chorus of music fills the heavens; and Kabir says 'My Beloved One gleams like the lightning flash in the sky.'

Do you know how the moments perform their adoration?

Waving its row of lamps, the universe sings in worship day and night, There are the hidden banner and the secret canopy:

There the sound of the unseen bells is heard.

Kabir says: 'There adoration never ceases; there the Lord of the Universe sitteth on His throne.'

The whole world does its works and commits its errors: but few are the lovers who know the Beloved.

The devout seeker is he who mingles in his heart the double currents of love and detachment, like the mingling of the streams of Ganges and Jumna;

In his heart the sacred water flows day and night; and thus the round of births and deaths is brought to an end.

Behold what wonderful rest is in the Supreme Spirit ! and he enjoys it, who makes himself meet for it.

Held by the cords of love, the swing of the Ocean of Joy sways to and fro; and a mighty sound breaks forth in song.

See what a lotus blooms there without water! and Kabir says 'My heart's bee drinks its nectar.'

What a wonderful lotus it is, that blooms at the heart of the spinning wheel of the universe! Only a few pure souls know of its true delight.

Music is all around it, and there the heart partakes of the joy of the Infinite Sea.

Kabir says: 'Dive thou into that Ocean of sweetness: thus let all errors of life and of death flee away.'

Behold how the thirst of the five senses is quenched there! and the three forms of misery are no more!

Kabir says: 'It is the sport of the Unattainable One: look within, and behold how the moon-beams of that Hidden One shine in you.'

There falls the rhythmic beat of life and death:

Rapture wells forth, and all space is radiant with light.

There the Unstruck Music is sounded; it is the music of the love of the three worlds.

There millions of lamps of sun and of moon are burning;

There the drum beats, and the lover swings in play.

There love-songs resound, and light rains in showers; and the worshipper is entranced in the taste of the heavenly nectar.

Look upon life and death; there is no separation between them,

The right hand and the left hand are one and the same.

Kabir says: 'There the wise man is speechless; for this truth may never be found in Vedas or in books.'

I have had my Seat on the Self-poised One,

I have drunk of the Cup of the Ineffable,

I have found the Key of the Mystery,

I have reached the Root of Union.

Travelling by no track, I have come to the Sorrowless Land: very easily has the mercy of the great Lord come upon me.

They have sung of Him as infinite and unattainable: but I in my meditations have seen Him without sight.

That is indeed the sorrowless land, and none know the path that leads there:

Only he who is on that path has surely transcended all sorrow.

Wonderful is that land of rest, to which no merit can win;

It is the wise who has seen it, it is the wise who has sung of it.

This is the Ultimate Word: but can any express its marvellous savour?

He who has savoured it once, he knows what joy it can give.

Kabir says: 'Knowing it, the ignorant man becomes wise, and the wise man becomes speechless and silent,

The worshipper is utterly inebriated,

His wisdom and his detachment are made perfect;

He drinks from the cup of the inbreathings and the outbreathings of love.'

There the whole sky is filled with sound, and there that music is made without fingers and without strings;

There the game of pleasure and pain does not cease.

Kabir says: 'If you merge your life in the Ocean of Life, you will find your life in the Supreme Land of Bliss.'

What a frenzy of ecstacy there is in every hour! and the worshipper is pressing out and drinking the essence of the hours: he lives in the life of Brahma.

I speak truth, for I have accepted truth in life; I am now attached to truth, I have swept all tinsel away.

Kabir says: 'Thus is the worshipper set free from fear; thus have all errors of life and of death left him.'

There the sky is filled with music:

There it rains nectar:

There the harp-strings jingle, and there the drums beat.

What a secret splendour is there, in the mansion of the sky!

There no mention is made of the rising and the setting of the sun;

In the ocean of manifestation, which is the light of love, day and night are felt to be one.

Joy for ever, no sorrow, no struggle!

There have I seen joy filled to the brim, perfection of joy;

No place for error is there.

Kabir says: 'There have I witnessed the sport of One Bliss!'

I have known in my body the sport of the universe: I have escaped from the error of this world.

The inward and the outward are become as one sky, the Infinite and the finite are united: I am drunken with the sight of this All!

This Light of Thine fulfils the universe: the lamp of love that burns on the salver of knowledge.

Kabir says: 'There error cannot enter, and the conflict of life and death is felt no more.'

1. ग्रह, चन्द्र और तारों की आभा ज्योतित है, प्रेम राग के साथ वैराग्य का ताल बज रहा है। महाशून्य में दिन-रात संगीत का स्वर पूर रहा है। कबीर कहते हैं, "मेरा प्रियसखा गगन में बिजली बनकर चमक रहा है।"

2. ये एक-एक क्षण उनकी आरती कैसे उतारते हैं? सम्पूर्ण विश्व दिन और रात दीपों की पंक्तियाँ सजाकर उनकी आरती का गान गा रहा है।

अदृश्य बन्दनवार एवं अदृश्य चन्द्रातप वहाँ शोभायमान हैं।

वहाँ प्रच्छन्न घंटा-ध्वनि सुनाई पड़ती है। कबीर कहते हैं, "वहाँ यह आरती कभी नहीं थमती; वहाँ जगत के स्वामी अपने सिंहासन पर विराजमान हैं।"

3. समस्त संसार कर्म में निरत होने के साथ भ्रम में भी डूबा हुआ है, किन्तु प्रियतम का परिचय शायद ही कोई पाता है। सच्चा साधक वही है, जिसने प्रेम एवं वैराग्य की धारा प्राणों में धारकर—गंगा और यमुना का संगम सुख पाया है। वहाँ रात-दिन पवित्र धारा प्रवाहित हो रही है और इस प्रकार जन्म-मरण ने अपना अन्त पा लिया है।

4. ध्यान से देखो, परमात्मा के मध्य कितना आश्चर्यपूर्ण विश्राम मिलता है; जो इसके सुयोग्य हो पाता है, वही प्रेम से बँधे आनन्द सागर का झूला झूलता है। वहाँ घन गम्भीर स्वर में नाद गान हो रहा है। देखो कि कैसे वहाँ आश्चर्यपूर्ण ढंग से बिना जल के कमल खिला हुआ है।

कबीर कहते हैं, "मेरे मन भ्रमर ने इसका रसपान किया है।"

5. यह कैसा आश्चर्यजनक कमल है, जो विश्व-चक्र के केन्द्र में खिला है। कुछ निर्मल चित्त विरले जन ही इसका सच्चा आनन्द उठा पाएँगे। इसके चतुर्दिक् संगीत की गम्भीर ध्वनि गूँज रही है, और जहाँ हृदय असीम सागर का आनन्द प्राप्त करता है। कबीर कहते हैं, "तुम आनन्द के अमृत सिंधु में डूब जाओ जिससे कि जन्म-मरण की समस्त भ्रान्ति एक ही बार में दूर भाग जाए।"

6. आँखें खोलकर देखो, पाँचों इन्द्रियों की सकल तृष्णा वहाँ मिट गई है। तीनों त्रिताप की विपदा वहाँ नहीं व्यापती। कबीर कहते हैं, "अपने अन्तर में झाँककर देखो, जहाँ उस प्रच्छन्न सत्ता की चन्द्र किरणें तुममें झिलमिला रही हैं। जहाँ जन्म-मरण का ताल ध्वनित है, जहाँ आनन्द मुखरित है और

गगन देदीप्यमान है। जहाँ झंकार गुंजायमान है, जहाँ असीम का संगीत निनादित है एवं समस्त त्रिलोक का प्रेम प्रतिध्वनित है।"

7. सूर्य और चन्द्र से दीप्त कोटि-कोटि दीप वहाँ प्रज्वलित हैं, वहाँ नगाड़े बज रहे हैं, प्रेमी हिंडोले झूल रहे हैं, प्रेम-गीत निनादित हो रहे हैं; वहाँ ज्योति की वर्षा हो रही है—और साधक वहाँ मस्त होकर अमृतरस का पान कर रहा है।

8. ध्यान देकर देखो, वहाँ जन्म और मृत्यु के बीच कोई अन्तर नहीं—दक्षिण और वाम हस्त वहाँ एक समान हैं। कबीर कहते हैं—"वहाँ ज्ञानी गूँगा है क्योंकि यह सत्य वेदादि ग्रन्थों द्वारा कभी नहीं पाया जा सकता।"

9. मैंने असीम में अपना आसन जमाया है; मैंने उस अगम का प्याला पिया है। मैंने उस रहस्य का मूल प्राप्त किया है। मैं मिलन के तत्त्व तक पहुँच गया हूँ। मैं बिना यात्रा पथ के उस सुखदायक अगमपुर तक जा पहुँचा हूँ। उस परमात्मा की कृपा सहज ही मुझे प्राप्त हो गई; जो उन्हें असीम और अगम्य बताकर उनका यशोगान करते रहे। मैंने इन नैनों के बिना ध्यान में उनका दर्शन किया है। सचमुच, वह समस्त दुखों के पार हो जाता है, जिसने उस पथ को पा लिया है।

    वह विश्रामभूमि आश्चर्यपूर्ण है, जो किसी भी गुण द्वारा प्राप्त नहीं होती।
    जिसने उसे देखा है, वही तो ज्ञानी है;
    और ज्ञानी वही है, जो इस बारे में गा उठता है।

10. अन्तिम है वही वाणी, उसका आस्वाद किस तरह बताया जाए, जिसने वह आस्वाद पाया है, वही उसका आनन्द जानता है। कबीर कहते हैं, "उसे जानने पर अज्ञानी ज्ञानी और ज्ञानी उसे जानने के बाद गूँगा बन जाता है।"

11. वैरागी जहाँ पूरी तरह मत्त हो रहता है, उसने ज्ञान एवं वैराग्य से स्वयं को परिपूर्ण कर लिया है; और जो श्वास-प्रश्वास के पात्र में प्रेम का पान करता रहता है।

12. वहाँ का सम्पूर्ण आकाश निनादित है और उँगलियों एवं तारों के बिना ही वहाँ अपूर्व संगीत गूँज रहा है। वहाँ आनन्द एवं अवसाद की लीला कभी

समाप्त नहीं होती। कबीर कहते हैं, "अगर वहाँ अपने प्राण सिंधु में विलीन कर सको तब तुम उस परम धाम में नव जीवन प्राप्त कर सकोगे।"

13. वहाँ आठों प्रहर कैसा आनन्दोन्माद छाया रहता है और उपासक आठों प्रहर निरन्तर सुधा का पान करता रहता है। आठों प्रहर ब्रह्म में ही वह अपने प्राण धारण किये रहता है।

14. मैं सत्य के बारे में ही कहता हूँ, क्योंकि मैंने सत्य को ही ग्रहण किया हुआ है। मैंने असत्य को त्यागकर सत्य को अपनाया है।

    कबीर कहते हैं, "ऐसा करते हुए ही, साधक निर्भय बना रहता है और तभी जन्म-मरण की भ्रान्ति उससे दूर भाग गई है।"

15. वहाँ गगन संगीत से निनादित है। वहाँ अमृत की अविरल वृष्टि हो रही है। वहाँ वीणा झंकृत हो रही है और नित्य नगाड़े बज रहे हैं। गगन स्थित भवन में रहस्यमय ज्योति फैली हुई है और जहाँ सूर्य के उदय-अस्त का नाममात्र संकेत नहीं। प्रेम से आलोकित इस प्रकाश सागर में दिवस एवं रात्रि एकाकार हो गए हैं।

16. वहाँ सदैव आनन्द ही आनन्द है, वहाँ दुख-द्वंद्व नहीं व्यापता। वहाँ मैंने पूर्णानन्द स्वरूप को जी भरकर देखा है। भ्रम-भ्रान्ति को वहाँ बिंदु मात्र स्थान नहीं मिलता। वहाँ भ्रम का प्रवेश नहीं हो सकता।

    कबीर कहते हैं, "मैंने अपनी आँखों से उस आनन्दपूर्ण लीला को देखा है।"

17. इसी पिंड में मैंने ब्रह्मांड की लीला देखी है। जगत के भ्रम से मैंने पीछा छुड़ा लिया है। बाहर और भीतर एक ही आकाश की तरह—ससीम और असीम—एकाकार हो गए हैं। इस दृश्य को देखकर मैं मत्त हो गया हूँ।

18. तुम्हारी ज्योति से समस्त जगत परिपूर्ण है। हे ज्योतिर्मय, ज्ञान के थाल के ऊपर प्रेम का दीपक जल रहा है। कबीर कहते हैं—"वहाँ भ्रम का प्रवेश हो नहीं सकता; जन्म और मृत्यु का अन्तर अब मिट गया है।"

18

मद्ध अकास आप जहँ बैठे
जोत शब्द उजियारा हो॥
सत सरूप राग जहँ फूले
साईं करत बिहारा हो।
कोटिन सूर चन्द छिप जैहे
एक रोम उजियारा हो॥
वही पार एक नगर बसतु है
बरसत अमृत धारा हो।
कहैं कबीर सुनो धर्म्म दासा
लखो पुरुष दरबारा हो॥

THE MIDDLE region of the sky, wherein the spirit dwelleth, is radiant with the music of light;

There, where the pure and white music blossoms, my Lord takes His delight.

In the wondrous effulgence of each hair of His body, the brightness of millions of suns and of moons is lost.

On that shore there is a city, where the rain of nectar pours and pours, and never ceases.

Kabir says: 'Come, O Dharmadas! and see my great Lord's Durbar.'

मध्य आकाश में, वे जहाँ स्वयं विराजमान हैं,
वह ज्योतिर्मय संगीत से समुज्ज्वल है।
वहाँ शुभ्र स्वरूप संगीत प्रस्फुटित है
और मेरे स्वामी वहाँ सानन्द विराजित हैं।

उनकी एक-एक रोम की दीप्ति में
कोटि-कोटि चन्द्र एवं सूर्य की आभा मलिन हो जाती है।
उस तट के पार ही कोई नगर अवस्थित है,
जहाँ अमृत की धारा निरन्तर बरस रही है।
कबीर कहते हैं, "सुनो धर्मदास, स्वामी का दरबार देख लो!"

19

परमातम गुरु निकट विराजैं
जाग जाग मन मेरे॥
धाय के पीतम चरनन लागै
साईं खड़ा सिर तेरे॥
जुगन जुगन तोहि सोवत बीता
अजहुँ न जाग सबेरे॥

O MY HEART! the Supreme Spirit, the great Master, is near you: wake, oh wake!

Run to the feet of your Beloved: for your Lord stands near to your head.

You have slept for unnumbered ages; this morning will you not wake?

ओ मेरे अन्तर, परमात्मा—परम गुरु के निकट विद्यमान हैं।
अरे अब तू जाग जा!
दौड़कर जा और प्रियतम के चरण थाम ले,
क्योंकि स्वामी तुम्हारे सिरहाने ही उपस्थित हैं।
तुमने तो युग-युगान्तर पर्यन्त सोते हुए जीवन गँवा दिया;
अब आज प्रभात वेला में जगकर उठ जाओ!

20

मन तू पार उतर कहँ जैहौ।
आगे पन्थी पन्थ न कोई
कूच मुकाम न पैहौ॥
नहिं तहँ नीर नाव नहिं खेवट
ना गुण खैंचन हारा।
धरणी गगन कल्प कछु नाहीं
ना कछु वार न पारा॥
नहिं तन नहिं मन अपन पौ
सुन में सुद्ध न पैहौ।
बलीवान होय पैठो घट में
वाहीं ठौरें होई हो॥
बारहि बार विचार देख मन
अन्त कहूँ मत जैहौ।
कहैं कबीर सब छाँड़ि कल्पना
ज्यों का त्यों ठहरैहौ॥

TO WHAT shore would you cross, O my heart? there is no traveller before you, there is no road:

Where is the movement, where is the rest, on that shore?

There is no water; no boat, no boatman, is there;

There is not so much as a rope to tow the boat, nor a man to draw it.

No earth, no sky, no time, no thing, is there: no shore, no ford!

There, there is neither body nor mind: and where is the place that shall still the thirst of the soul? You shall find naught in that emptiness.

Be strong, and enter into your own body: for there your foothold is firm. Consider it well, O my heart! go not elsewhere.

Kabir says: 'Put all imaginations away, and stand fast in that which you are.'

अरे मन, तुम नदी पारकर, कहाँ जाना चाहते हो?
इस किनारे पर, जहाँ तुम्हारे साथ कोई पथिक नहीं है
और न सामने कोई पथ;
वहाँ न तो कोई गति है, न ही कोई विराम और न कोई किनारा?
न तो वहाँ जल है और न नौका; न तो मल्लाह और न रस्सी
और न इसे खींचनेवाले लोग।
धरती आकाश, काल—वहाँ कुछ भी नहीं।
न तो वहाँ घाट है और न पार!
वहाँ न तन है और न मन;
आत्मा की प्यास जहाँ शान्ति पा सके, वह स्थान कहाँ है?
तुम्हें उस शून्यता में कुछ भी प्राप्त नहीं होगा।
तुम दृढ़ बनकर अपने घट-देह में प्रवेश करो!
तुम इसी में अपनी प्रतिष्ठा प्राप्त करोगे।
अरे मन, बार-बार विचार कर देखो, कहीं दूसरी जगह मत जाओ!
कबीर कहते हैं, "सारी कल्पनाएँ छोड़कर जैसे हो, वैसे ही डटे रहो!"

21

घर घर दीपक बरै लखै नहिं अन्ध है।
लखत लखत लखि परै कटै जम फंद है॥
कहन सुनन कछू नाहि नहीं कछु करण है।
जीते ही मरि रहै बहुरि नहिं मरण है॥
जोगी पड़े विजोग कहैं घर दूर है।
पासहि बसत हजूर तू चढ़त खजूर है॥
ब्राह्मण दिच्छा देता घर घर घालि है।
मूर सजीवन पास तू पाहन पालि है॥
ऐसा साहब कबीर सलोना आप है।
नहीं जोग नहिं जाप पुन्न नहिं पाप है॥

LAMPS BURN in every house, O blind one! and you cannot see them.

One day your eyes shall suddenly be opened, and you shall see: and the fetters of death will fall from you.

There is nothing to say or to hear, there is nothing to do: it is he who is living, yet dead, who shall never die again.

Because he lives in solitude, therefore the Yogi says that his home is far away.

Your Lord is near: yet you are climbing the palm-tree to seek Him.

The Brahman priest goes from house to house and initiates people into faith:

Alas! the true fountain of life is beside you, and you have set up a stone to worship.

Kabir says: 'I may never express how sweet my Lord is. Yoga and the telling of beads, virtue and vice—these are naught to Him.'

घर-घर दीपक जल रहे हैं, लेकिन तुम अन्धे हो,
इसलिए तुम्हें दीख नहीं रहे हैं।
एक दिन अचानक जब तुम्हारी आँखें खुल जाएँगी
तभी तुम देख पाओगे, तब मृत्यु का बन्धन कट जाएगा।
तब कुछ कहने-सुनने को नहीं रह जाएगा और न कुछ करने को।
यह वह है जो जीवित रहते मृत पड़ा रहता है,
वह फिर दोबारा नहीं मरता।
जो सर्वथा विमुक्त होकर पड़ा रहता है, यही जानकर योगी कहता है—
"उसका घर अभी बहुत दूर है।
तुम्हारे स्वामी तो तुम्हारे बहुत निकट हैं,
जबकि तुम उन्हें ढूँढ़ने
खजूर के पेड़ पर चढ़ रहे हो।
घर-घर घूम कर ब्राह्मण पुरोहित दीक्षा दे रहे हैं।
जबकि जीवन का सच्चा स्रोत तुम्हारे पास है
लेकिन तुम पाषाण को प्रतिष्ठित कर रहे हो।
कबीर कहते हैं, "मेरे प्रभु इतने मधुर हैं कि
मैं उनके बारे में कुछ भी नहीं कह पाऊँगा।
उनके समीप न जाने की ज़रूरत है और न जपमाला फेरने की।
पुण्य हो या पाप—ये सब उनके लिए अर्थहीन हैं।"

22

साधो सो सतगुरु मोहिं भावै।
सत्त प्रेम का भर भर प्याला आप पिवै मोहिं प्यावै॥
परदा दूर करै आँखिन का ब्रह्म दरस दिखलावै।
जिस दरस में सब लोक दरसै अनहद शब्द सुनावै॥
एकहि सब सुख दुख दिखावै शब्द में सुरत समावै।
कहैं कबीर ताको भय नाहीं निर्भय पद परसावै॥

O BROTHER, my heart yearns for that true Guru, who fills the cup of true love, and drinks of it himself, and offers it then to me.

He removes the veil from the eyes, and gives the true Vision of Brahma:

He reveals the worlds in Him, and makes me to hear the Unstruck Music:

He shows joy and sorrow to be one:

He fills all utterance with love.

Kabir says: 'Verily he has no fear, who has such a Guru to lead him to the shelter of safety!'

ओ साधु, मेरे प्राण उसी सत्य गुरु को चाहते हैं,
जो सत्य प्रेम का प्याला भरकर स्वयं पान करते हैं
और मुझे भी फिर पान कराते हैं।
जो आँखों पर पड़ा पर्दा हटाकर ब्रह्मरूप का सत्य-दर्शन कराते हैं।
जो स्वयं में समाहित हैं और समस्त लोकों का दर्शन कराते हैं
एवं असीम का संगीत सुनने के योग्य बनाते हैं
वे सुख-दुख को एक कर दिखाते हैं। वही शब्द वे प्रेम में समाहित कराते हैं।
कबीर कहते हैं, "जिसने ऐसा सद्गुरु पाया है, उसे कोई भय नहीं सताता
और वह अभय पद प्राप्त करता है।"

23

तिंबिर साँझ का गहिरा आवै छावै प्रेम मन तन में ।
पश्चिम दिस की खिड़की खोलो डूबहु प्रेम गगन में।
चेत-कँवल-दल रस पियारे लहर लेहु या तन में॥
संख घंट सहनाई बाजै सोभा सिंध महल में।
कहैं कबीर सुनो भाई साधो अमर साहब लख घट में॥

THE SHADOWS of evening fall thick and deep, and the darkness of love envelops the body and the mind.

Open the window to the west, and be lost in the sky of love;

Drink the sweet honey that steeps the petals of the lotus of the heart.

Receive the waves in your body: what splendour is in the region of the sea!

Hark! the sounds of conches and bells are rising.

Kabir says: 'O brother, behold! the Lord is in this vessel of my body.'

संध्या का गहन अन्धकार फैलता जा रहा है,
साथ ही, प्रेम का अँधेरा तन-मन पर छाता जा रहा है।
पश्चिम दिशा का गवाक्ष खोलकर प्रेम के आकाश में डूब जाओ!
आओ, चित्त-कमल-दल से स्त्रवित मधु रस का पान करो!
अपने तन में उठे उस तरंग का अनुभव करो।
सागर स्थित महल में कैसी अपूर्व शोभा विराज रही है!
वहाँ शंख और घंटा-ध्वनि तीव्र हो रही है।
कबीर कहते हैं, "ओ भाई साधु, ध्यान से देखो,
स्वामी मेरे घट में ही विराज रहे हैं।"

24

जिससे रहनि अपार जगत में
सो प्रीत मुझे पियारा हो॥
जैसे पुरइन रहि जल भीतर
जलहिं में करत पसारा हो।
वाके पानी पत्रा न लागै
ढरकी चलै जस पारा हो॥
जैसे सती चढ़ै अगिन पर
प्रेम वचन न टारा हो।
आप जरै औरन को जारै
राखै प्रेम मरियादा हो॥
भवसागर एक नदी अगम है
अहद अगाह धारा हो।
कहैं कबीर सुनो भाई साधो
बिरले उतरे पारा हो॥

MORE THAN all else do I cherish at heart that love which makes me to live a limitless life in this world.

It is like the lotus, which lives in the water and blooms in the water: yet the water cannot touch its petals, they open beyond its reach.

It is like a wife, who enters the fire at the bidding of love. She burns and lets others grieve, yet never dishonours love.

This ocean of the world is hard to cross: its waters are very deep.

Kabir says: 'Listen to me, O Sadhu! few there are who have reached its end.'

जिसके द्वारा इस संसार में सीमाहीन जीवन जिया जा सकता है

वह प्रेम ही मेरे प्राणों को सबसे प्रिय है।
कमल जिस तरह जल में रहकर विकसित और पुष्पित होता है
लेकिन उसके पत्तों पर जल नहीं ठहर पाता—
वे पत्र जल की पहुँच से परे ऊपर अवस्थित होते हैं।
जिस तरह पत्नी आग में प्रवेश कर जाती है
किन्तु अपने प्रेमादेश का उल्लंघन नहीं करती,
स्वयं तो आग में जल मरती है, अन्य को भी शोकाहत कर देती है
और इस प्रकार प्रेम को कभी लांछित नहीं होने देती।
यह संसार एक अपार सागर है, इसकी जलराशि असीम और अगाध है।
कबीर कहते हैं, "अरे भाई साधो, इसे कोई विरला ही पार कर पाता है।"

25

हरि ने अपना आप छिपाया।
हरि ने नफीज कर दिखराया॥
हरि ने मुझे कठिन विच घेरी।
हरि ने दुविधा काटी मेरी॥
हरि ने सुख दुख बतलाए।
हरि ने सब दुंद मिटाए॥
ऐसे हरि पै तन मन वारूँ।
प्राणहिं तजूँ हरि नहिं बिसारूँ॥

MY LORD HIDES Himself, and my Lord wonderfully reveals Himself:

My Lord has encompassed me with hardness, and my Lord has cast down my limitations.

My Lord brings to me words of sorrow and words of joy, and He Himself heals their strife.

I will offer my body and mind to my Lord: I will give up my life, but never can I forget my Lord!

मेरे प्रभु ने स्वयं को स्वयं में ही आश्चर्यजनक ढंग से छिपा रखा है
और फिर प्रभु ने स्वयं को प्रकट किया है।
हरि ने मुझे कठिन समय में अपने बाहुपाश में ले बचाया है
और उन्होंने मेरी सीमाओं को काट फेंका है।
हरि ने मुझे सुख-दुख के बारे में सचेत किया है
और उन्होंने ही मेरे समस्त द्वंद्वों को नष्ट किया है।
ऐसे प्रभु के चरणों में, मैं अपना तन-मन अर्पण कर दूँगा
मैं अपने प्राणों को त्याग सकता हूँ
किन्तु प्रभु को कभी नहीं बिसराऊँगा।

26

ओंकार सबै कोई सिरजै, राग स्वरूपी अंग।
निराकार निर्गुन अविनासी कर वाही को संग॥
नाम निरंजन नैनन मद्धे नाना रूप धरंत।
निरंकार निर्गुन अविनासी अपार अथाह अंग॥
महा सुक्ख मगन होई नाचै उपजै अंग तरंग।
मन और तन थिर न रहतु है महा सुक्ख के संग॥
सब चेतन सब अनन्द सब दुख गहंत।
कहाँ आदि कह अन्त आप सुक्ख विच धरंत॥

ALL THINGS are created by the Om;
The love-form is His body.
He is without form, without quality, without decay:
Seek thou union with Him!
But that formless God takes a thousand forms in the eyes of His creatures:
He is pure and indestructible,
His form is infinite and fathomless,
He dances in rapture, and waves of form arise from His dance.
The body and the mind cannot contain themselves, when they are touched by His great joy.
He is immersed in all consciousness, all joys, and all sorrows;
He has no beginning and no end;
He holds all within His bliss.

समस्त सृष्टि ओम् द्वारा सृजित है, उनका रूप प्रेम स्वरूप है।
वे निराकार, निर्गुण और अविनाशी हैं,
किन्तु अरूपी ईश्वर अपने प्राणियों की दृष्टि में सहस्राधिक रूप ग्रहण करते हैं।

वे परिशुद्ध और अविनाशी हैं।
उनका स्वरूप असीम एवं अथाह है,
तुम उनके संग मिलन का जतन करो!
वही महा आनन्द में मगन होकर नृत्य करते हैं।
उनके नृत्य से रूप की लहरें उठती-गिरती हैं।
उस महा आनन्द के संस्पर्श से तन और मन स्थिर नहीं रह पाते।
समस्त चैतन्य के मध्य एवं सकल दुख के मध्य वे समाहित हैं।
कहाँ है आदि और कहाँ है इसका अन्त
—इन सबको उन्होंने अपने आनन्द में धारण कर रखा है।

27

सतगुर सोई दया कर दीन्हा
ताते अनचिन्हार मैं चीन्हा॥
बिन पग चलना बिन पर उड़ना
बिना चूँच का चुगना।
बिना नैन का देखन पेखन
बिन सरवन का सुनना॥
चन्द न सूर दिवस नहिं रजनी
तहाँ सुरत लौ लाई।
बिना अन्न अमृत रस भोजन
बिन जल तृषा बुझाई॥
जहाँ हरष तहँ पूरण सुख है
यह सुख कासो कहना।
कहैं कबीर बल बल सतगुरु की
धन्न शिष्य का लहना॥

IT IS THE MERCY of my true Guru that has made me to know the unknown;

I have learned from Him how to walk without feet, to see without eyes, to hear without ears, to drink without mouth, to fly without wings;

I have brought my love and my meditation into the land where there is no sun and moon, nor day and night.

Without eating, I have tasted of the sweetness of nectar; and without water, I have quenched my thirst.

Where there is the response of delight, there is the fullness of joy. Before whom can that joy be uttered?

Kabir says: 'The Guru is great beyond words, and great is the good fortune of the disciple.'

मेरे सतगुरु ने मुझ पर दया की,
जिससे कि मैं उस अनजाने को जान पाया।
मैंने उनसे ही पाँव बिना चलना, नैन बिना देखना, कान बिना सुनना,
बिना मुँह के पीना और पंख बिना उड़ना सीख लिया है।
मैंने वहाँ अपने प्रेम और ध्यान को स्थित किया है—
जहाँ न तो सूर्य और न चन्द्र, न दिन है और न रात।
मैंने वहाँ बिना अन्न के अमृत रस का पान किया है :
और बिना जल के अपनी प्यास बुझाई है।
जहाँ कहीं भी आनन्द अवस्थित है
वहीं पूर्ण आनन्द विराजमान है।
इसका आनन्द किसे बताया जाए।
कबीर कहते हैं, "गुरु की महिमा का बखान शब्दों से परे है;
और धन्य है उस शिष्य का भाग्य।"

28

निरगुन आगे सरगुन नाचै बाजै सोहंग तूरा।
चेला के पाँव गुरुजी लागैं यही अचंभा पूरा॥

BEFORE THE Unconditioned, the Conditioned dances:
'Thou and I are one!' this trumpet proclaims.
The Guru comes, and bows down before the disciple:
This is the greatest of wonders.

निर्गुण के सम्मुख सगुण नृत्य कर रहा है
तुम और मैं एक हैं—यह तूर्य घोषित कर रहा है।
गुरु ने आकर शिष्य के आगे शीश नवाया है :
यही तो घोर आश्चर्य है।

29

प्रश्न : कबीर कब से भए बैरागी।
तुम्हारी सुरति कहाँ को लागी॥
उत्तर : बइचित्र का मेला नाहीं, नहीं गुरु नहिं चेला।
सकल पसारा जिन दिन नाहीं जिहि दिन पुरुष अकेला॥
गोरख हम तब के अही बैरागी।
हमरी सुरत ब्रह्म से लागी॥
ब्रह्मा नहिं जब टोपी दीन्हा बिस्नु नहीं जब टीका।
सिव सक्ती कै जन्मौ नाहीं जबै जाग हम सीखा॥
कासी में हम प्रगट भए हैं रामानन्द चेताए।
प्यास अहद की साथ हम लाए मिलन करन को आए॥
सहजै सहजै मेला होइगा जागी भक्ति उतंगा।
कहैं कबीर सुनो हो गोरख चलो गीत के संगा॥

GORAKHNATH ASKS Kabir:

'Tell me, O Kabir, when did your vocation begin? Where did your love have its rise?"

Kabir answers:

'When He whose forms are manifold had not begun His play: when there was no Guru, and no disciple: when the world was not spread out: when the Supreme One was alone—

Then I became an ascetic; then, O Gorakh, my love was drawn to Brahma.

Brahma did not hold the crown on his head; the god Vishnu was not anointed as king; the power of Shiva was still unborn; when I was instructed in Yoga.

'I became suddenly revealed in Benares, and Ramananda illumined me;

I brought with me the thirst for the Infinite, and I have come for the meeting with Him.

In simplicity will I unite with the Simple One; my love will surge up.

O Gorakh, march thou with His music!'

गोरखनाथ कबीर से पूछते हैं—

प्रश्न : अरे कबीर, कब से तुम्हारा वैराग शुरू हुआ?

कहाँ से तुम्हारा प्रेम जगा?

कबीर कहते हैं :

"तब से, जब उस विचित्ररूपी की लीला का आरम्भ भी नहीं हुआ था।

जब न तो कोई गुरु था और न कोई शिष्य;

जब कुछ भी सृजित नहीं हुआ था; जब वह पुरुष अकेला था,

हे गोरख, तब से मैं बैरागी हूँ। मेरा प्रेम ब्रह्म से लगा है।

ब्रह्मा ने जब मुकुट धारण नहीं किया था,

जब विष्णु ने राजसिंहासन नहीं ग्रहण किया था,

शिव की शक्ति ने जब जन्म भी नहीं लिया था,

तभी मैंने योग की दीक्षा ली थी।"

"मैं अचानक काशी में प्रकट हुआ।

रामानन्द ने मुझे दीक्षित किया है।

मैं असीम के संग मिलन की तृष्णा लिये आया हूँ,

और मुझे उसी के संग मिलना है।

सहज ही उस सहज के साथ मेरा मेल होगा

और मेरा प्रेम उद्दीप्त होगा।

कबीर कहते हैं, ओ गोरख, उसी संगीत के संग कूच करो!"

30

या तरवर में एक पखेरू
भोग सरस वह डोलै रे।
वाकी सन्ध लखै नहिं कोई
कौन भाव सों बोलै रे॥
दुर्म्म डार तहँ अति घन छाया
पंछी बसेरा लेई रे।
आवै साँझ उड़ि जाए सबेरा
मरम न काहू देई रे॥
सो पंछी मोहि कोई न बतावै
जो बोलै घट माहीं रे।
अबरन वरन रूप नहिं रेखा
बैठा प्रेम के छाहीं रे॥
अगम अपार निरन्तर बासा
आवत जात न दीसा रे।
कहैं कबीर सुनो भाई साधो
रह कुछ अगम कहानी रे।
या पंछी के कौन ठौर है
बूझो पंडित ज्ञानी रे॥

ON THIS TREE is a bird: it dances in the joy of life.

None knows where it is: and who knows what the burden of its may be?

Where the branches throw a deep shape, there does it have its nest: and it comes in the evening and flies away in the morning, and says not a word of that which it means.

None tell me of this bird that sings within me.

It is neither coloured nor colourless: it has neither form nor outline:
It sits in the shadow of love.

It dwells within the Unattainable, the Infinite, and the Eternal; and no one marks when it comes and goes.

Kabir says: 'O brother Sadhu! deep is the mystery. Let wise men seek to know where rests that bird.'

इस तरुवर में एक पंछी है।
आनन्दातिरेक में यह नाच रहा है।
कोई भी इसका सन्धान समझ नहीं पा रहा।
और किसे पता है कि यह किस संगीत की धुन में गा रहा है।
इस तरुवर की शाखा, जो अत्यन्त घनी छाया बिखेर रही है,
वहाँ पंछी ने बसेरा डाला है।
सन्ध्या बेला में यह पंछी वहाँ आता है और एकदम सवेरे उड़ जाता है।
उसका यह मर्म किसी को बताया नहीं जा सकता।
यह पंछी, जो मेरे अन्तर में संगीत रच रहा है,
इस बारे में मुझे कोई नहीं बताता।
यह न तो रंगीन है और न ही रंगहीन।
इसका न तो कोई रूप है और न कोई रेखा।
यह तो प्रेम की छाया में बैठा है।
इसका वास अगम, अपार, असीम और चिरन्तन में है।
कोई इसका आना-जाना लक्ष्य नहीं कर पाता।
कबीर कहते हैं, "सुनो भाई साधो, इस पंछी का ठौर-ठिकाना कहाँ है,
इसमें कोई गहरी रहस्यमयता है,
इस बारे में ज्ञानी जन बूझ सकें तो बूझें।"

31

निस दिन सालै घाव नींद आवै नहीं।
पिया मिलन की आस नैहर भावै नहीं॥
खुल गए गगन किवाड़ मन्दिर उजियार भयो।
भयो है पुरुष से भेंट तन मन बार दयो॥

A SORE PAIN troubles me day and night, and I cannot sleep;
I long for the meeting with my Beloved, and my father's house gives me pleasure no more.

The gates of the sky are opened, the temple is revealed:
I meet my husband, and leave at His feet the offering of my body and my mind.

निशिदिन वही गहरा घाव सालता रहता है।
मुझे नींद नहीं आती; प्रियतम के संग मेरा मन मिलन के लिए
तड़पता रहता है
और अब मेरा मन नैहर में नहीं लगता।
गगन द्वार खुल गया है और मन्दिर उद्‌भासित हुआ।
स्वामी के साथ मेरा मिलन हुआ,
और मैंने उनके चरणों में अपना तन-मन अर्पित कर दिया।

32

नाचु रे मेरो मन मत्त होय
प्रेम को राग बजाय रैन दिन
शब्द सुनै सब कोई॥
राहु केतु नवग्रह नाचै
जम जन्म आनन्द होई।
गिरि समुन्दर धरती नाचै
लोक नाचै हँस रोई॥
छापा तिलक लगाए बाँस चढ़
हो रहा जग से न्यारा।
सहस कला कर मन मेरो नाचै
रीझै सिरजनहारा॥

DANCE, MY heart! dance to-day with joy.

The strains of love fill the days and the nights with music, and the world is listening to its melodies:

Mad with joy, life and death dance to the rhythm of this music. The hills and the sea and the earth dance. The world of man dances in laughter and tears.

Why put on the robe of the monk, and live aloof from the world in lonely pride?

Behold! my heart dances in the delight of a hundred arts; and the Creator is well pleased.

आज आनन्द में, नाचो रे मेरे मन, मत्त होकर नाचो!
वह दिन-रात प्रेम का संगीत छेड़ रहा है।
जीवन और मृत्यु इसकी संगीत लय पर नृत्य कर रहे हैं
और सम्पूर्ण विश्व इसकी रागिनियों को सुन रहा है।

पर्वत, सागर और धरती—सभी नृत्य कर रहे हैं;
अखिल विश्वलोक हास्य और रुदन संग नर्तनरत है।
अरे छाया तिलक लगाए निरे अहंकारी लोगों,
इस संसार से दूर क्यों भाग रहे हो?
यह देखो, सहस्त्र कलाओं में आनन्दमग्न मेरा मन नृत्य कर रहा है;
जिसे देखकर सृजनकर्ता भी आनन्दित है।

33

मन मस्त हुआ तब क्यों बोले।
हीरा पायो गाँठ गठियायो,
बार-बार वाको क्यों खोले।
हल्की थी तब चढ़ी तराजू
पूरी भई तब क्यों तोले॥
सुरत कलारी भई मतवारी
मदरा पी गई बिन तोले।
हंसा पाए मानस सरोवर
ताल तलैया क्यों डोले॥
तेरा साहब है घट माहीं
बाहर नैना क्यों खोले।
कहैं कबीर सुनो भाई साधो
साहब मिल गए तिल ओले॥

WHERE IS the need of words, when love has made drunken the heart?

I have wrapped the diamond in my cloak; why open it again and again?

When its load was light, the pan of the balance went up: now it is full, where is the need for weighing?

The swan has taken its flight to the lake beyond the mountains; why should it search for the pools and ditches any more?

Your Lord dwells within you: why need your outward eyes be opened?

Kabir says: 'Listen, my brother! my Lord, who ravishes my eyes, has united Himself with me."

जब मन प्रेम में उन्मत्त हुआ तो फिर आगे कुछ कहने को क्या रह जाता है?

मैंने हीरा पा लिया है और अपनी गाँठ में समेट लिया है।
अब इसे बार-बार खोलकर क्या देखना?
मैं जब हल्का था तब तराज़ू का दूसरा पल्ला ऊँचा था;
अब यह भर-पुर गया है तो इसे अब क्या तोलना?
हंस ने पर्वतों के पार मानसरोवर की ओर ऊँची उड़ान भर ली है।
अब ताल-तलैयों की खोज में क्या भटकना?
तुम्हारे प्रभु तुम्हारे अन्दर ही विराजमान हैं—
अब बाहर की ओर आँख फाड़कर क्या ढूँढ़ना!
कबीर कहते हैं, "सुनो भाई साधु, मेरे नयनों को जुड़ानेवाले प्रभु
मुझसे मिलकर एक रूप हो गए।"

34

मोहि तोहि लागी कैसे छूटै॥
जैसे कमल पत्र जल बासा।
ऐसे तुम साहिब हम दासा॥
जैसे चकोर तकत निस चन्दा।
ऐसे तुम साहिब हम बन्दा॥
मोहि तोहि आदि अन्त बन आई।
अब कैसे लगन दुराई॥
कहैं कबीर हमरा मन लागा।
जैसे सलिला सिंध समाई॥

HOW COULD the love between Thee and me sever?

As the leaf of the lotus abides on the water: so thou art my Lord, and I am Thy servant.

As the night-bird Chakor gazes all night at the moon: so Thou art my Lord and I am Thy servant.

From the beginning until the ending of time, there is love between Thee and me; and how shall such love be extinguished?

Kabir says: 'As the river enters into the ocean, so my heart touches Thee.'

तुममें और मुझमें जो प्रेम है, वह कैसे टूट सकता है?
कमल-पत्र-जैसे जल पर ही निर्भर रहता है,
वैसे ही तुम मेरे स्वामी हो और मैं तुम्हारी दासी।
जिस तरह चकोर सारी रात चाँद को निहारता रहता है,
उसी तरह ओ स्वामी मैं तुम्हारी सेविका हूँ।
आदि से लेकर अन्त समय तक तुममें और मुझमें प्रेम बना रहेगा;
ऐसे में इस प्रेम का अवसान भला किस प्रकार होगा?
कबीर कहते हैं, "नदी जैसे सागर में स्वयं को समाहित कर देती है,
वैसे ही मेरा अन्तर तुममें समाया है।"

35

बालम आवो हमारे गेह रे।
तुम बिन दुखिया देह रे॥
सब कोई कहै तुम्हारी नारी
मोको लागत लाज रे॥
दिल से नहीं दिल लगाया
तब लग कैसा सनेह रे॥
अन्न न भावै नींद न आवै
गृह वन धरै न धीर रे।
कामिन को है बालम प्यारा
ज्यों प्यासे को नीर रे॥
है कोई ऐसा पर उपकारी
पिब सों कहै सुनाय रे।
अब तो बेहाल कबीर भए है
बिन देखे जिव जाय रे॥

MY BODY AND my mind are grieved for the want of Thee;
O my Beloved! come to my house.

When people say I am Thy bride, I am ashamed; for I have not touched Thy heart with my heart.

Then what is this love of mine? I have no taste for food, I have no sleep; my heart is ever restless within doors and without.

As water is to the thirsty, so is the lover to the bride. Who is there that will carry my news to my Beloved?

Kabir is restless: he is dying for sight of Him.

तुम्हारे मिलन बिना मेरा तन-मन शोकाहत है।

तुम मेरे घर में आओ बालम!
जब ये सारे लोग तुम्हारी बातें करते हैं तो मैं लाज से गड़ जाती हूँ।
मैं अब तक तुम्हारे हृदय के साथ अपने हृदय को नहीं जोड़ पाई।
फिर तो मेरा प्रेम ही व्यर्थ है।
मुझे भोजन नहीं रुचता, मुझे नींद नहीं आती;
घर हो या बाहर, कहीं भी मन में धीरज नहीं बँधता।
प्यासे के लिए जल जितना प्यारा है,
वधू के लिए वर भी उतना प्रिय है।
क्या ऐसा कोई परोपकारी है,
जो मेरे प्रियतम को मेरी हृदय की पीड़ा जाकर बता दे?
कबीर तो इतना अधीर है कि उनके दर्शन के बिना प्राण तज रहा है।

36

जाग पियारी अब का सोवै
        रैन गई दिन काहे को खोवै॥
जिन जागा तिन मानिक पाया
        तैं बौरी सब सोए गँवाया॥
पिय तेरे चतुर तू मूरख नारी
        कबहूँ न पिय की सेज सँवारी॥
तैं बौरी बौरापन कीन्हीं
        भर जोबन पिय अपन न चीन्ही॥
जाग देख पिय सेज न तेरे।
        तोहि छाँड़ि उठि गए सबेरे॥
कहैं कबीर सोई धुन जागे
        शब्द बाण उर अन्तर जागे॥

O FRIEND, awake, and sleep no more!
The night is over and gone, would you lose your day also?
Others, who have wakened, have received jewels;
O foolish woman! you have lost all whilst you slept.
Your lover is wise, and you are foolish, O woman!
You never prepared the bed of your husband:
O mad one! you passed your time in silly play.
Your youth was passed in vain, for you did not know your Lord;
Wake, wake! See! your bed is empty: He left you in the night.
Kabir says: 'Only she wakes, whose heart is pierced with the arrow of His music'.

अरी ओ प्रिय सखी, तू जाग जा! तू अब भी क्यों सोई हुई है? रात तो कब की बीत चुकी और दिन निकल आया है।

इसे तू क्यों खोना चाहती है?
जो जग गए हैं, उन्होंने ही माणिक पाया है।
अरी मूरख, तूने सोये रहकर सब कुछ गँवा दिया!
तेरे प्रियतम तो ज्ञानी हैं, लेकिन तुमने कभी भी
अपने प्रियतम के लिए प्रेमभरी सेज नहीं सजाई।
अरी पगली, तूने बेकार के कामों में अपना समय गँवा दिया।
तेरा यौवन यूँ ही व्यर्थ गया, तूने अपने प्रभु को नहीं पहचाना।
जागकर देख, तेरी शय्या सूनी पड़ी है :
तुम्हारे प्रियतम सवेरे ही तुम्हें छोड़कर चले गए हैं।
कबीर कहते हैं, "केवल वही प्रभु-प्रेम को जान पाती है,
जिसके अन्तर में उनके संगीत का बाण चुभता हो।"

37

सूर परकास, तँह रैन कँह पाइए
रैन परकास, नहिं सूर भासै।
ज्ञान परकास, अज्ञान कहँ पाइए
होय अज्ञान, तहँ ज्ञान नासै॥
काम बलवान, तहँ प्रेम कहँ पाइए
प्रेम जहँ होय, तहँ काम नाहीं।
कहै कबीर यह सत्त विचार है
समझ विचार कर देख माहीं॥

पकड़ समसेर संग्राम में पैसिए
देह परयन्त कर जुद्ध भाई।
काट सिर बैरियाँ दाव जहँ का तहाँ,
आय दरबार में सीस नवाई॥

सूर संग्राम को देख भागे नहीं,
देख भागै सोई सूर नाहीं।
काम और क्रोध मद लोभ से जूझना,
मचा घमसान तन खेत माहीं॥
सील और साँच सन्तोष साही भये,
नाम समसेर तहाँ खूब बाजे।
कहै कबीर कोई जूझि है सूरमा
कायराँ भीड़ तँह तुर्त भाजे॥
साधका खेल तो विकट बेंडामती
सती और सूर की चाल आगे।
सूर घमसान है पलक दो चार का
सती घमसान पल एक लागे॥

साध संग्राम है रैन दिन जूझना
देह पर्यन्त का काम भाई॥

WHERE IS THE night, when the sun is shining? If it is night, then the sun withdraws its light.

Where knowledge is, can ignorance endure? If there be ignorance, then knowledge must die.

If there be lust, how can love be there? Where there is love, there is no lust.

Lay hold on your sword, and join in the fight. Fight, O my brother, as long as life lasts.

Strike off your enemy's head, and there make an end of him quickly: then come, and bow your head at your King's Durbar.

He who is brave, never forsakes the battle: he who flies from it is no true fighter.

In the field of this body a great war goes forward, against passion, anger, pride, and greed:

It is in the kingdom of truth, contentment and purity, that this battle is raging; and the sword that rings forth most loudly is the sword of His Name.

Kabir says: 'When a brave knight takes the field, a host of cowards is put to flight.

It is a hard fight and a weary one, this fight of the truth-seeker: for the vow of the truth-seeker is more hard than that of the warrior, or of the widowed wife who would follow her husband.

For the warrior fights for a few hours, and the widow's struggle with death is soon ended:

But the truth-seeker's battle goes on day and night, as long as life lasts it never ceases.'

जहाँ सूर्य प्रकाशित हो, वहाँ रात कहाँ?
और जहाँ रात हो, वहाँ सूर्य का प्रकाश नहीं फैलता।
जहाँ ज्ञान प्रकाशित है, वहाँ अज्ञान कहाँ?
अगर वहाँ अज्ञान फैला हो तो वहाँ ज्ञान कैसे टिकेगा?
जहाँ काम प्रबल हो वहाँ प्रेम कहाँ?
जहाँ प्रेम होगा, वहाँ काम नहीं।

अपने हाथ में तलवार लेकर संग्राम में प्रवेश करो।
ओ मेरे भाई, जब तक अन्तिम श्वास शेष है, युद्ध करो।
शत्रु का शीश काट कर, शीघ्र ही उसे परास्त करो।
और फिर उस प्रभु के दरबार में आकर अपना शीश झुकाओ!

कोई भी वीर संग्राम करते हुए पलायन नहीं करता।
जो पलायन करता है, वह सच्चा वीर नहीं हो सकता।
इस देहक्षेत्र में काम, क्रोध, मद और लोभ के साथ, महायुद्ध छिड़ा हुआ है।
यहाँ सत्य, सन्तोष एवं शील का साम्राज्य है, जिसके साथ यह युद्ध जारी है;
उसका नामरूपी खड्ग बड़ी तेज़ी से वहाँ प्रहार कर रहा है।
कबीर कहते हैं, "अगर कोई शूरवीर युद्ध करने को अग्रसर होता है
तो कायरों की भीड़ तत्काल पलायन करती है।
सत्य साधकों का संग्राम बहुत कठिन और कष्टकर होता है।
सतीव्रता और युद्धवीर की अपेक्षा साधक का संकल्प अत्यन्त कठोर होता है।
वीर का युद्ध दो-चार प्रहर का होता है,
जबकि साधक का संग्राम दिन-रात चलता रहता है।
जब तक जीवन है, तब तक इस युद्ध का अवसान नहीं।"

38

भ्रम का ताला लगा महल जे प्रेम की कुंजी लगाव।
कपट किवड़िया खोल के रे यही विधि पिय को जगाव॥
कहैं कबीर सुनो भाई साधो फिर न लगै अस दाव॥

THE LOCK of error shuts the gate, open it with the key of love:
Thus, by opening the door, thou shalt wake the Beloved.
Kabir says: 'O brother! do not pass by such good fortune as this.'

भ्रम के ताले के कारण द्वार बन्द है—
वहाँ प्रेम की चाबी लगाकर खोलो!
इस विधि से द्वार खोलकर तुम्हें अपने प्रियतम को जगाना चाहिए।
कबीर कहते हैं, "अरे भाई, ऐसी सुविधा क्या फिर कभी पाओगे?"

39

साधो यह तन ठाठ तंबूरे का।
ऐंचत तार मरोरत खूँटी, निकसत राग हजूरे का॥
टूटे तार बिखर गई खूँटी हो गया धूरम धूरे का।
कहैं कबीर सुनो भाई साधो अगम पन्थ कोई सूरे का॥

O FRIEND! THIS body is His lyre;
He tightens its strings, and draws from it the melody of Brahma.
If the strings snap and the keys slacken, then to dust must this instrument of dust return:
Kabir says: 'None but Brahma can evoke its melodies.'

अरे साधु, यह काया उनकी वीणा है;
इसलिए वे इसके तार खींचकर और खूँटी उमेठ कर ब्रह्मरागिनी छेड़ रहे हैं।
अगर इसके तार टूट जाएँ और खूँटी ढीली पड़ जाए
तो यह वाद्य धूल-धूसर हो जाएगा।
कबीर कहते हैं, "ओ भाई साधु,
केवल ब्रह्म ही इसकी रागिनी जगा सकते हैं।"

40

अवधू भूले को घर लावै, सो जन हमको भावै।
घर में जोग भोग घर ही में, घर तज बन नहिं जावै॥
घर में जुक्त मुक्त घर ही में, जो गुर अलख लखावै।
सहज सुन्न में रहै समाना सहज समाधि लगावै॥
उन्मुनि रहै ब्रह्म को चीन्है परम तत्त्व को धारै।
सुरत निरत सों मेला करके अनहद नाद बजावै॥
घर में बसत बस्तु भी घर है घर ही बस्तु मिलावै।
कहैं कबीरा सुनो हो अवधू ज्यों का त्यों ठहरावै॥

HE IS DEAR TO me indeed who can call back the wanderer to his home. In the home is the true union, in the home is enjoyment of life: why should I forsake my home and wander in the forest? If Brahma helps me to realize truth, verily I will find both bondage and deliverance in home.

He is dear to me indeed who has power to dive deep into Brahma; whose mind loses itself with ease in His contemplation.

He is dear to me who knows Brahma, and can dwell on His supreme truth in meditation; and who can play the melody of the Infinite by uniting love and renunciation in life.

Kabir says: 'The home is the abiding place; in the home is reality; the home helps to attain Him Who is real. So stay where you are, and all things shall come to you in time.'

जो भ्रमितों को घर वापस ले आता है, वही मेरा सच्चा प्राण प्रिय है।
घर ही में सच्चा मिलन, घर में ही जीवन का आनन्द,
तो मैं भला घर छोड़कर वन क्यों जाऊँगा?
अगर ब्रह्म मुझे सत्य का बोध करा दे
तो निश्चय ही, मैं पाऊँगा कि घर ही बन्धन और मुक्ति दोनों के उपयुक्त है।

मेरा प्रिय तो वही है, जिसमें सहज ही ब्रह्म में मगन रहने की क्षमता है,
जो सहज ही समाधि में निरत रहता है।
जो ब्रह्म को जानता है, वही मेरा प्रिय है,
वह जो परम तत्त्व का ध्यान करता है,
जो प्रेम और वैराग्य की संगत करते हुए,
असीम की रागिनी छेड़ सकता है; वही मेरा प्रिय है।
कबीर कहते हैं, "घर ही जोड़नेवाली जगह है,
घर में ही सत्य विराजता है,
घर ही उस सत्य से मिलन कराने में सहायक होता है।
तुम जैसे हो, ठीक वैसे ही रहो—स्थिर रहो,
यथासमय तुम्हें सब कुछ प्राप्त होगा।"

41

संतो सहज समाधि भली
साँई से मिलन भयो जा दिन ते सुरत न अन्त चली॥
आँख न मूँदूँ कान न रूँधू काया कष्ट न धारूँ।
खुले नयन में हँस-हँस देखूँ सुन्दर रूप निहारूँ॥
कहूँ सो नाम सुनु सोई सुमिरन जो करूँ सो पूजा।
गिरह उदयान एक सम देखूँ भाव मिटाऊँ दूजा॥
जहँ जहँ जाऊँ सोई परिकरमा जो कुछ करूँ सो सेवा।
जब सोऊँ तब करूँ दंडवत पूजूँ और न देवा॥
शब्द निरन्तर मनुया राता मलिन वचन त्यागी।
उठत बैठत कबहुँ न बिसरै ऐसी ताड़ी लागी॥
कहैं कबीर यह उन्मुन रहनी, सो परघट कर गाई।
दुख सुख के हक परे परम सुख तेहि रहा समाई॥

O SADHU! THE Simple union is the best.

Since the day when I met with my Lord, there has been no end to the sport of our love.

I shut not my eyes, I close not my ears, I do not mortify my body;
I see with eyes open and smile, and behold His beauty everywhere:
I utter His Name, and whatever I see, it reminds me of Him; whatever I do, it becomes His worship.
The rising and the setting are one to me; all contradictions are solved.
Wherever I go, I move round Him,
All I achieve is His service:
When I lie down, I lie prostrate at His feet.

He is the only adorable one to me: I have none other.
My tongue has left off impure words, it sings His glory day and night:
Whether I rise or sit down, I can never forget Him; for the rhythm

of His music beats in my ears.

Kabir says: 'My heart is frenzied, and I disclose in my soul what is hidden. I am immersed in that one great bliss which transcends all pleasure and pain.'

ओ साधु, सहज मिलन ही सर्वश्रेष्ठ है।
जबसे मैं अपने प्रभु से मिला हूँ,
तब से प्रेम की लीला का अवसान नहीं हुआ।
मैं अपनी आँखें नहीं मूँदता, मैं अपने कान नहीं रूँधता,
और अपनी काया को कोई कष्ट नहीं देता;
मैं आँखें खोलकर, हँसते हुए यह देख रहा हूँ
कि उनका सौन्दर्य सर्वत्र विराज रहा है।
मैं उसी का नाम उचारता हूँ, जो कुछ भी मैं करता हूँ,
वह उनकी पूजा है। मेरे लिए उदय और अस्त एक समान है।
मेरे सारे संशय मिट गए हैं।
मैं चाहे जहाँ जाऊँ, यह उन्हीं की प्रदक्षिणा होती है :
मेरी समस्त प्राप्ति उनकी सेवा है।
शयन करते हुए भी, मैं उनके चरणों में प्रणत होता हूँ।

उनके सिवा मेरे लिए कोई पूज्य नहीं;
उनके अलावा मेरा कोई दूसरा नहीं।
मेरी जिह्वा ने कलुषित वचनों का परित्याग किया है।
यह दिन-रात उनका यशोगान करती रहती है।
उठते-बैठते मैं उन्हें कभी भूल नहीं सकता—
मेरे कानों में निरन्तर उनकी संगीत लहरी गूँजती रहती है।
कबीर कहते हैं, "मेरा अन्तर उद्वेलित है।
जो अप्रत्यक्ष हैं, मैं उन्हें अपनी आत्मा में प्रत्यक्ष कर गा रहा हूँ।
समस्त सुख-दुख से परे जो परम सुख है, मैं उसी में निमज्जित हूँ।"

42

तीरथ में तो सब पानी है होबै नहीं कछु अन्हाय देखा।
प्रतिमा सकल तो जड़ है, बोले नहिं, बोलाय देखा॥
पुरान कोरान सब बात है, जा घट का परदा खोल देखा।
अनुभव की बात कबीर कहैं यह सब है झूठी पोल देखा॥

THERE IS nothing but water at the holy bathing places; and I know that they are useless, for I have bathed in them.

The images are all lifeless, they cannot speak; I know, for I have cried aloud to them.

The Purana and the Koran are mere words; lifting up the curtain, I have seen.

Kabir gives utterance to the words of experience; and he knows very well that all other things are untrue.

तीर्थों के स्नान घाटों पर तो केवल पानी है
और मैं जानता हूँ कि वे बेकार हैं—
यह मैंने स्नान कर देख लिया है।
प्रतिमाएँ निर्जीव होती हैं, वे कुछ भी नहीं कहतीं—
मैंने पुकार कर देख लिया है।
पुराण और क़ुरान तो मात्र शब्द-भंडार हैं;
मैंने पर्दा उठाकर देखा है।
कबीर केवल अनुभवजन्य बातें करते हैं;
और वह अच्छी तरह जानते हैं
कि अन्य सारी बातें खोखली और मिथ्या हैं।

43

पानी बिच मीन पियासी।
मोहिं सुन-सुन आवत हाँसी॥
घर में वस्तु नजर नहि आवत
बन-बन फिरत उदासी।
आतम ज्ञान बिना जग झूठा
क्या मथुरा क्या कासी॥

I LAUGH WHEN I hear that the fish in the water is thirsty:

You do not see that the Real is in your home, and you wander from forest to forest listlessly!

Here is the truth! Go where you will, to Benares or to Mathura; if you do not find your soul, the world is unreal to you.

यह सुनकर मुझे हँसी आती है
कि पानी में रहकर भी मछली प्यासी है।
घर में पड़ी वस्तु को भी तुम देख नहीं पाते—
और उदासी बने अकारण वन-वन भटक रहे हो!
बात यह है कि तुम चाहे काशी जाओ या मथुरा,
जहाँ भी जाओ, अगर तुममें आत्म-ज्ञान नहीं
तो पूरा संसार तुम्हारे लिए मिथ्या है।

44

गगन मठ गैब निसान गड़े।
चन्द्र हार चँदवा जहँ टाँगे, मुक्ता मानिक मढ़े॥
महिमा तासु देख मन थिर कर, रवि ससि जोत जरे।
कहैं कबीर पियै जोइ जन, माता फिरत मरे॥

THE HIDDEN Banner is planted in the temple of the sky; there the blue canopy decked with the moon and set with bright jewels is spread.

There the light of the sun and the moon is shining: still your mind to silence before that splendour.

Kabir says: 'He who has drunk of this nectar, wanders like one who is mad.'

गगन मन्दिर में गुप्त पताका प्रतिष्ठित है।
चन्द्रमंडित, मुक्ता माणिक्यजड़ित नीला चन्द्रातप जहाँ प्रसारित है।
वहाँ रवि-शशि की ज्योति देदीप्यमान है :
उस भव्यता को देखकर मन को स्थिर करो।
कबीर कहते हैं, "जिसने उस सुधा का पान किया है,
वह मदमस्त होकर घूमता-फिरता है।"

45

साधो को है कहँ सो आयो।
तेहि के मन धौं कहाँ बसत है, को धौं नाच नचायो॥
पावक सर्व्व अंग काठहि में, का धौं डहक जगायो।
हो गयो खाक तेज पुनि वाको, कहु धौं कहाँ समायो॥
अहै अपार पार कछु नाहीं, सतगुरु जिन्हैं लखायो।
कहैं कबीर जेहि सूझ बूझ जस, तेई तस भाष सुनायो॥

WHO ARE YOU, and whence do you come?

Where dwells that Supreme Spirit, and how does He have His sport with all created things?

The fire is in the wood; but who awakens it suddenly? Then it turns to ashes, and where goes the force of the fire?

The true guru teaches that He has neither limit nor infinitude.

Kabir says: 'Brahma suits His language to the understanding of His hearer.'

—ओ साधु, तुम कौन हो, और कहाँ से आए हो?
वह परम सत्ता कहाँ विराजती है और वह अपनी लीला
इस समस्त सृष्टि के साथ कैसे रचता है?
इस काल के सर्वांग में व्याप्त अग्नि हठात् प्रज्वलित हो जाती है
और जब यह राख में परिवर्तित हो जाती है,
तब अग्नि की शक्ति कहाँ विलीन हो जाती है?
सच्चा गुरु यह बताता है कि वह न तो पार है और न अपार।
कबीर कहते हैं, "ब्रह्म श्रोता की मति-गति (सूझ-बूझ) के अनुरूप ही
अपनी भाषा गढ़ते हैं।"

46

साधो सहजै काया सोधो।
जैसे बट का बीज ताहि में, पत्र फूल फल छाया।
काया मद्धे बीज विराजे, बीज मद्धे काया॥
अग्नि पवन पानी पिरथी नभ ता बिन मिलै नाहीं।
काजी पंडित करो निरनय, को न आपा माहीं॥
जल भर कुंभ जलै विच धरिया, बाहर भीतर सोई।
उन को नाम कहन को नाहीं, दूजा धोखा होई॥
कहैं कबीर सुनो भाई साधो सत्यशब्द निज सारा।
आपा मद्धे आपै बोले, आपै सिरजनहारा॥

O SADHU! purify your body in the simple way.

As the seed is within the banyan tree, and within the seed are the flowers, the fruits, and the shade:

So the germ is within the body, and within that germ is the body again.

The fire, the air, the water, the earth, and the aether; you cannot have these outside of Him.

O Kazi, O Pundit, consider it well: what is there that is not in the soul?

The water-filled pitcher is placed upon water, it has water within and without.

It should not be given a name, lest it call forth the error of dualism.

Kabir says: 'Listen to the Word, the Truth, which is your essence. He speaks the Word to Himself; and He Himself is the Creator.'

ओ साधु, सहज भाव से काया को निर्मल करो!
जैसे वटवृक्ष में बीज निहित है और बीज के मध्य पत्र, फूल, फल और छाया है;
उसी प्रकार काया के मध्य अंकुर है और उसके मध्य काया है।
अग्नि, पवन, जल पृथ्वी, आकाश—

तुम उनमें से कुछ भी अलग नहीं कर सकते।
अरे ओ क़ाज़ी, ओ पंडित, इस बात पर विचार करो
कि इस आत्मा के मध्य क्या कुछ नहीं है।
जल भरा कुंभ (घट) जल में ही स्थापित है;
बाहर भी जल, भीतर भी जल।
इसे कोई नाम नहीं देना चाहिए, क्योंकि इससे द्वैत का भ्रम पैदा होगा।
कबीर कहते हैं, "ओ भाई साधु, उसी शब्द को सुनो—
सत्य के सार को,
जो उस शब्द से स्वयं को सम्बोधित कर रहा है।
स्वयं ही गा रहा है—
और स्वयं ही उस संगीत का स्रष्टा है।"

47

तरवर एक मूल बिन ठाड़ा, बिन फूले फल लागे।
साखा पत्र नहीं कछु ताके, सकल कमल दल गाजै॥
चढ़ तरवर दो पंछी बोले, एक गुरु एक चेला।
चेला रहा सो रस चुन खाया, गुरु निरन्तर खेला॥
पंछी के खोज अगम परगट, कहैं कबीर बड़ी भारी।
सबही मूरत बीच अमूरत, मूरत की बलिहारी॥

THERE IS A strange tree, which stands without roots and bears fruits without blossoming;

It has no branches and no leaves, it is lotus all over.

Two birds sing there; one is the Guru, and the other the disciple:

The disciple chooses the manifold fruits of life and tastes them, and the Guru beholds him in joy.

What Kabir says is hard to understand: 'The bird is beyond seeking, yet it is most clearly visible. The Formless is in the midst of all forms. I sing the glory of forms.'

बिना मूल के एक अद्भुत पेड़ खड़ा है।
बिना फूल के ही उसमें फल लगे हैं।
उसमें न तो शाखाएँ हैं और न पत्ते
—लेकिन वहाँ सर्वत्र कमल दल विकसित हैं।
उस पेड़ पर दो पंछी गीत गाते हैं—
उनमें से एक गुरु है तो दूसरा चेला।
जो चेला है, उसने जीवन के विविध फलों का उपभोग किया है,
जबकि गुरु ने उसे आनन्द में निमग्न रखा है।
यहाँ कबीर की गम्भीर बात को समझना आवश्यक है—जो कह रहे हैं,
उस पंछी का सन्धान अगम्य है, जबकि वह प्रत्यक्ष है।
समस्त रूपाकारों में वह रूपहीन (अरूपी) विद्यमान है—
मैं उन समस्त रूपाकारों के वैभव का गान गाता हूँ।

48

चलत मनसा अचल कीन्ही, मन हुआ रंगी।
तत्त्व में निःतत्त्व दरसा, संग में संगी॥
बंध ते निर्बन्ध कीन्हा, तोड़ सब तंगी।
कहैं कबीर अगम गम कीया, प्रेम रंग रंगी॥

I HAVE STILLED my restless mind, and my heart is radiant: for in That-ness I have seen beyond That-ness, in company I have seen the Comrade Himself.

Living in bondage, I have set myself free: I have broken away from the clutch of all narrowness.

Kabir says: 'I have attained the unattainable, and my heart is coloured with the colour of love.'

मैंने चंचल मन को अचल किया है,
मेरा अन्तर अब प्रदीप्त है।
चूँकि मैंने उस तत्त्व के अन्दर तत्त्वहीन को देखा है—
मैंने स्वयं को उसका संगी पाया है।
उसके संग रहकर बन्धन के मध्य भी,
आज मैं बन्धनहीन हो गया हूँ।
कबीर कहते हैं, "मैंने अप्राप्य को पाया है
और प्रेम के रंग में रँग गया हूँ।"

49

जो दीसै सो तो है नाहीं, है सो कहा न जाई॥
बिन देखे परतीत न आवै, कहे न को पतियाना।
समझा होय तो शब्दै चीन्है, अचरज होय अजाना॥
कोई धारै निराकार को, कोई धारै आकारा।
जा विधि इन दोनों ते न्यारा, जानै जाननहारा॥
वह राग तो लखा न जाई, मात्र लगै न काना।
कहैं कबीर सो पड़ै न परलय, सुरत निरत जिन जाना॥

THAT WHICH You see is not: and for that which is, you have no words.

Unless you see, you believe not: what is told you, you cannot accept.

He who is discerning knows by the word; and the ignorant stands gaping.

Some contemplate the Formless, and others meditate on form: but the wise man knows that Brahma is beyond both.

That beauty of His is not seen of the eye: that metre of His is not heard of the ear.

Kabir says: 'He who has found both love and renunciation never descends to death.'

जो दीख रहा है, वह तो है नहीं,
और जो है, उसकी बात शब्दातीत है।
बिना देखे विश्वास नहीं होता,
और कहे जाने पर तुम विश्वास नहीं करते।
जो विवेकी है, वह शब्द मात्र ही समझता है,
और जो अज्ञानी है, वह आश्चर्य से मुँह बाए रहता है।

कोई निराकार को ध्यान करता है और कोई आकार का।
लेकिन जो ज्ञानी है, वह जानता है कि ब्रह्म इन दोनों से परे हैं।
उसका सौन्दर्य आँखों से नहीं देखा जा सकता—
और उसकी लय कानों से नहीं सुनी जा सकती।
कबीर कहते हैं, "जिसने प्रेम और वैराग्य—
दोनों को साध लिया है,
वह मृत्यु को प्राप्त नहीं होता।"

50

मुरली बजत अखंड सदाए,
जहाँ प्रेम झनकारा है॥
प्रेम हद्द तजी जब भाई,
सत्तलोक ही हद्द पुनि आई॥
उठत सुगन्ध महा अधिकाई,
जाको वार न पारा है॥
कोटि मान राग को रूपा,
बीन सतधुन बजे अनूपा॥

THE FLUTE OF the Infinite is played without ceasing, and its sound is love:

When love renounces all limits, it reaches truth.

How widely the fragrance spreads! It has no end, nothing stands in its way.

The form of this melody is bright like a million suns: incomparably sounds the vina, the vina of the notes of truth.

असीम की मुरली बज रही है—उसका स्वर प्रेम है।
जब प्रेम सीमा को त्याग देता है—
तब वह सत्य तक पहुँच पाता है—
वहाँ से दूर-दूर तक सुरभि फैल रही है।
इसमें कहीं कोई बाधा नहीं और इसका कोई अन्त नहीं।
इस राग का स्वरूप कोटि सूर्य-सम समुज्ज्वल है।
सत्य की धुन वाली वह वीणा अनुपम ध्वनि बजा रही है।

51

सखियो हम हूँ भई बलमा सी।
आयो जोबन विरह सतायो
अब मैं ज्ञान गली अठिलाती।
ज्ञान गली में खबर मिल गए
हमें मिली पिया की पाती।
वा पाती में अगम सन्देसा,
अब हम मरने को न डराती॥
कहत कबीर सुनो भाई प्यारे
वर पाए अविनासी॥

DEAR FRIEND, I am eager to meet my Beloved! My youth has flowered, and the pain of separation from Him troubles my breast.

I am wandering yet in the alleys of knowledge without purpose, but I have received His news in these alleys of knowledge.

I have a letter from my Beloved: in this letter is an unutterable message, and now my fear of death is done away.

Kabir says: 'O my loving friend! I have got for my gift the Deathless One.'

अरी सखी, मैं अपने बालम से मिलने के लिए व्याकुल हूँ।
मेरा यौवन अब विकसित हो चुका है।
इसकी विरह व्यथा मेरे वक्ष को बींध रही है।
ऐसे में, मैं ज्ञान की गली में निरुद्देश्य भटक रही हूँ।
लेकिन ज्ञान की गली में ही उनकी ख़बर मिली है।
मुझे प्रियतम का पत्र मिला है, जिसमें उस अगम्य की ख़बर है
और अब मुझे मृत्यु की परवाह नहीं।
कबीर कहते हैं, "अब मुझे अविनाशी वर का उपहार प्राप्त हुआ।"

52

साईं बिन दरद करेजे होए।
दिन नहिं चैन रात नहिं निंदिया,
को से कहूँ दुख रोय॥
आँधि रतिया पिछले पहरवा,
साईं बिन तरस तरस रहि सोय॥
कहत कबीर सुनो भाई प्यारे,
साईं मिले सुख होय॥

WHEN I AM parted from my Beloved, my heart is full of misery:

I have no comfort in the day, I have no sleep in the night. To whom shall I tell my sorrow?

The night is dark; the hours slip by. Because my Lord is absent, I start up and tremble with fear.

Kabir says: 'Listen, my friend! there is no other satisfaction, save in the encounter with the Beloved.'

अपने प्रियतम से बिछुड़कर मेरे अन्तर में बड़ी पीड़ा हो रही है।
मुझे दिन में चैन नहीं मिलता और रात में नींद नहीं आती।
मैं अपना दुख किससे जाकर कहूँ?
रात अँधेरी है और इसका पिछला पहर बीत चला है,
स्वामी की उपस्थिति के बिना मैं बार-बार भय से सिहर उठती हूँ।
कबीर कहते हैं, "ओ प्रेमी बन्धु, (ऐसे में) अगर स्वामी आकर मिलें
तभी मिलन सुख प्राप्त हो।"

53

कौन मुरली शब्द सुन आनन्द भयो
    जोत बरै बिन बाती।
बिना मूल के कमल प्रगट भयो
    फुलवा फूलत भाँती भाँती॥
जैसे चकोर चन्द्रमा चितवे
    जैसे चातक स्वाँती।
तैसे संत सुरत के होके
    हो गए जनम संघाती॥

WHAT IS THAT flute whose music thrills me with joy?
The flame burns without a lamp;
The lotus blossoms without a root;
Flowers bloom in clusters;
The moon-bird is devoted to the moon;
With all its heart the rain-bird longs for the shower of rain;
But upon whose love does the Lover concentrate His entire life?

मुरली की धुन सुन मेरा मन आनन्द विह्वल हो उठा है।
बिना दीप के लौ जल रही है।
बिना मूल के कमल खिला है,
गुच्छ के गुच्छ फूल खिले हैं।
चकोर ने जिस प्रकार चन्द्रमा को अपना चित्त समर्पित किया है,
चातक जैसे स्वाती नक्षत्र की धारा को अपना सब कुछ सौंप देता है—
वैसे ही प्रेमी ने किस प्रेम के वशीभूत सारा जीवन अर्पित कर दिया है?

54

सुनता नहीं धुन की खबर अनहद का बाजा बाजता॥
रस मन्द मन्दिर बाजता बाहर सुने तो क्या हुआ।
हक प्रेमरस चाखा नहीं अमली हुआ तो क्या हुआ॥
काजी किताबें खोजता करता नसीहत और को।
महरम नहीं उस हाल से काजी हुआ तो क्या हुआ॥
जोगी दिगंबर सेवरा कपड़ा रँगे रंग लाल से।
वाकिफ नहीं इस रंग से कपड़ा रँगे से क्या हुआ॥
मन्दिर झरोखे रावटी गुल चमन में रहते सदा।
कहते कबीरा हैं सही हरदम में साहिब रम रहा॥

HAVE YOU NOT heard the tune which the Unstruck Music is playing? In the midst of the chamber the harp of joy is gently and sweetly played; and where is the need of going without to hear it?

If you have not drunk of the nectar of that One Love, what boots it though you should purge yourself of all stains?

The Kazi is searching the words of the Koran, and instructing others: but if his heart be not steeped in that love, what does it avail, though he be a teacher of men?

The Yogi dyes his garments with red: but if he knows naught of that colour of love, what does it avail though his garments be tinted?

Kabir says: 'Whether I be in the temple or the balcony, in the camp or in the flower garden, I tell you truly that every moment my Lord is taking His delight in me.'

यह जो असीम की संगीत ध्वनि गूँज रही है,
क्या तुमने इसे सुना नहीं?
मन्दिर के अन्दर वीणा का मृदु मन्द संगीत बजाया जा रहा है—

अगर तुम इसे सुन लिया तो फिर कहीं बाहर जाने की आवश्यकता नहीं।
अगर तुमने उस प्रेम रस का पान नहीं किया हो
तो फिर तुम्हारे पास ऐसी क्या विधि है,
जिससे तुम अपने कलंक धो सको?
क़ाज़ी केवल क़ुरान के शब्द ढूँढ़ता-फिरता रहता है और मर जाता है;
अगर उसके दिल में इश्क़ (प्रेम) नहीं है
तो उसका लोगों को उपदेश देने से क्या लाभ?
ऐसे जोगी जो अपने कंथे को लाल रंग से रँग लेते हैं,
अगर प्रेम के रंग का मर्म ही नहीं समझ पाए तो फिर कपड़े रँगने से क्या?
कबीर कहते हैं, "मन्दिर में रहूँ या बरामदे में,
घर के अन्दर रहूँ या गुलशन में—
मैं यह सच कह रहा हूँ
कि मेरे मालिक हर पल मुझमें आनन्द का उपभोग कर रहे हैं।"

55

भक्ति का मारग झीना रे।
नहिं अचाह नहिं चाहना चरनन लौ लीना रे॥
साधन के रस धार में रहे निस दिन भीना रे।
राग में स्रुत ऐसे बसे जैसे जल मीना रे॥
साईं सबन में देत सिर कुछ विलम न कीना रे।
कहैं कबीर मत भक्ति का पथ घट कह दीना रे॥

SUBTLE IS the path of love!
There in there is no asking and no not-asking,
There one loses one's self at His feet,
There one is immersed in the joy of the seeking; plunged in the deeps of love as the fish in the water.
The lover is never slow in offering his head for his Lord's service.
Kabir declares the secret of this love.

प्रेम का मार्ग अत्यन्त सूक्ष्म है।
इसमें आकांक्षा भी नहीं और अनाकांक्षा भी नहीं।
इसमें साधक स्वयं को उनके चरणों में पूर्णतः समर्पित कर देता है।
वह मिलन की आनन्द धारा में दिन-रात निमग्न रहता है—
जिस तरह जल में मछली;
साधक भी प्रेम के राग में डूबा रहता है।
वह प्रभु की सेवा में सिर चढ़ा देने में भी तनिक विलम्ब नहीं करता।
प्रेम का वही रहस्य कबीर प्रकट कर रहे हैं।

56

भाई कोई सत गुरु संत कहावै नैनन अलख लखावै।
प्राण पूज्य किरियाते न्यारा सहज समाधि सिखावै॥
द्वार न रूँधै पवन न रोकै नहिं भवखंड तजावै।
यह मन जाय जहाँ लग जबही परमातम दरशावै॥
करम करै निःकरम रहै जो ऐसी जुगत लखावै।
सदा विलास त्रास नहिं तन में भोग में जोग जगावै॥
धरती पानी अकाश पवन में अधर मँड़ैया छावै।
सुन्न सिखर के सार सिला पर आसन असल जमावै।
भीतर रहा सो बाहर देखै दूजा दृष्टि न आवै॥

HE IS THE real Sadhu, who can reveal the form of the Formless to the vision of these eyes:

Who teaches the simple way of attaining Him, that is other than rites or ceremonies:

Who does not make you close the doors, and hold the breath, and renounce the world:

Who makes you perceive the Supreme Spirit wherever the mind attaches itself:

Who teaches you to be still in the midst of all your activities.

Ever immersed in bliss, having no fear in his mind, he keeps the spirit of union in the midst of all enjoyments.

The infinite dwelling of the Infinite Being is everywhere: in earth, water, sky, and air:

Firm as the thunderbolt, the seat of the seeker is established above the void.

He who is within is without: I see Him and none else.

भाई, मैं तो उसी को सच्चा साधु कहता हूँ—
जो इन नयनों को निराकार का दर्शन करा दे,
जो अनुष्ठान-आचारादि से परे,
उनसे मिलन की सहज विधि सिखा सके।
जो घर का द्वार बन्द करने, श्वास रुद्ध करने को नहीं कहे,
जो घर-संसार का त्याग नहीं कराए।
उस परम सत्ता की प्रतीति के लिए जहाँ तुम्हारा चित्त,
जब जहाँ कहीं भी लगे, लगने दे,
जो हर किसी जगह और समस्त कार्यों के मध्य भी
अचल रहने की सीख प्रदान करे।
हमेशा आनन्द में निमग्न, अन्तर में कहीं बिंदु मात्र भी भय नहीं
और जो समस्त भोग के मध्य भी
मिलन योग को सदैव जाग्रत बनाए रखे।
पृथ्वी, जल, आकाश और पवन में,
उस असीम पुरुष की अछोर व्याप्ति है।
सन्धानी साधक का आसन वज्र के समान शून्य में स्थित होता है।
जो अन्दर है, वह बाहर भी दीखता है।
मैं उनके सिवा और कुछ नहीं देखता।

57

साधो शब्द साधना कीजै।
जेही शब्द ते प्रगट भये सब सोई शब्द गहि लीजै॥
शब्द गुरु शब्द सुन सिष भए शब्द सो बिरला बूझै।
सोई शिष्य सोई गुरु महातम जेहि अन्तर गति सूझै॥
शब्दै वेद पुरान कहत हैं शब्दै सब ठहरावै।
शब्दै सुर मुनि संत कहत हैं शब्द भेद नहिं पावै॥
शब्दै सुन सुन भेष धरत है शब्दै कहै अनुरागी।
षट् दर्शन सब शब्द कहत है शब्द कहे बैरागी॥
शब्दै काया जग उतपानी शब्दै करि पसारा।
कहैं कबीर जहँ शब्द होत है तवन भेद है न्यारा॥

RECEIVE THAT Word from which the Universe springeth!
That Word is the Guru; I have heard it, and become the disciple.
How many are there who know the meaning of that Word?
O Sadhu! practise that Word!
The Vedas and the Puranas proclaim it,
The world is established in it,
The Rishis and devotees speak of it:
But none knows the mystery of the Word.
The householder leaves his house when he hears it,
The ascetic comes back to love when he hears it,
The Six Philosophies expound it,
The Spirit of Renunciation points to that Word,
From that Word the world-form has sprung,
That Word reveals all.
Kabir says: 'But who knows whence the Word cometh?'

ओ साधु, उसी शब्द की साधना करो, जिससे ब्रह्मांड उत्पन्न हुआ है।
वह शब्द ही गुरु है—उसे सुनकर ही मैं उसका शिष्य बना।
उस शब्द का मर्म कितने लोग जानते हैं?
ओ साधु, उसी शब्द की साधना करो!
वेद और पुराण—सब उसे ही उद्घोषित करते हैं।
उसी में सम्पूर्ण विश्व प्रतिष्ठित है।
देवता और साधक उसी शब्द को
बखानते हैं।
लेकिन उस शब्द का रहस्य कोई नहीं जानता।
उसी शब्द को सुनकर ही, गृहस्थ घर छोड़ वैरागी बन गए।
उसी शब्द को सुनकर संन्यासी प्रेम प्राप्त करने घर लौट आए।
षड्दर्शन उसी शब्द को प्रतिपादित करते हैं।
वैराग्य भाव भी उसी शब्द को संकेतित करता है।
उसी शब्द से शिव रूप उत्पन्न हुआ है।
वही शब्द सबको प्रकट करता है।
वही शब्द सर्वत्र प्रकाशित है।
कबीर कहते हैं, "किन्तु कहाँ से वह शब्द आ रहा है,
इस बारे में क्या कोई जानता है?"

58

पीले प्याला हो मतवाला प्याला नाम अमीरस का रे।
कहें कबीर सुनो भाई साधो नख सिख पूर रहा विष का रे॥

EMPTY THE Cup! O be drunken!
Drink the divine nectar of His Name!
Kabir says: 'Listen to me, dear Sadhu!
From the sole of the foot to the crown of the head this mind is filled with poison.'

प्याला ख़ाली करो।
इसे पीकर मतवाले बन जाओ!
उनके नाम इस अमृत सुधा का पान करो!
कबीर कहते हैं, "ओ साधु, मेरी बात सुनो।
यह चित्त—नख से सिर तक—विष से भरा है।"

59

खसम न चीन्है बावरी, का करत बड़ाई।
बातन लगन न होएँगे, छोड़ौ चतुराई॥
साखी शब्द सन्देस पढ़ि मत भूलौ भाई।
सार प्रेम कछु और है खोजा सो पाई॥

O MAN, IF thou dost not know thine own Lord, where of art thou so proud?
Put thy cleverness away: mere words shall never unite thee to Him.
Do not deceive thyself with the witness of the Scriptures:
Love is something other than this, and he who has sought it truly has found it.

अरे भाई, अगर तुम अपने प्रभु को नहीं पहचानते
तो फिर किस बात पर इतराते फिरते हो?
अपनी सारी चतुराई छोड़ दो,
क्योंकि केवल बातों से, उनका मिलन सम्भव नहीं।
धर्मग्रन्थों के साक्ष्यों से स्वयं को भ्रमित मत करो :
प्रेम इन सब उपक्रमों से सर्वथा अलग वस्तु है,
और जिसने सच्चे मन से इसे चाहा है, उसने ही इसे पाया है।

60

सुख सिंध की सैर का स्वाद तब पाई है
चाह का चौतरा भूल जावै।
बीज के माहि ज्यों वृच्छ विस्तार यों
चाह के माहिं सब रोग आवै॥

THE SAVOUR of wandering in the ocean of deathless life has rid me of all my asking:
As the tree is in the seed, so all diseases are in this asking.

तुम्हारे अमृत सिन्धु में विहार का आनन्द पाने के बाद
ऐसा लगा कि मैं अपनी भ्रान्ति में अन्यथा घूमता रहा।
बीज के मध्य जैसे वृक्ष का विस्तार होता है,
वैसे ही भ्रान्तियों के बीच समस्त व्याधियाँ व्याप्त रहती हैं।

61

सुख सागर में आयके, मत जा रे प्यासा।
अजहु समझ रे बावरे, जम करत तिरासा॥
निर्मल नीर भरेव तेरे आगे पी ले स्वाँसा स्वाँसा।
मृगतृस्णा जल छाँड़ बावरे करो सुधारस आसा॥
ध्रुव प्रह्लाद शुकदेव पिया और पिया रैदासा।
प्रेमहि संत सदा मतवाला एक प्रेम की आसा॥
कहैं कबीर सुनौ भाई साधो मिट गई भय की बासा॥

WHEN AT last you are come to the ocean of happiness, do not go back thirsty.

Wake, foolish man! for Death stalks you. Here is pure water before you; drink it at every breath.

Do not follow the mirage on foot, but thirst for the nectar;

Dhruva, Prahlad, and Shukadeva have drunk of it, and also Raidas has tasted it:

The saints are drunk with love, their thirst is for love.

Kabir says: 'Listen to me, brother! The nest of fear is broken.

Not for a moment have you come face to face with the world:

You are weaving your bondage of falsehood, your words are full of deception:

With the load of desires which you hold on your head, how can you be light?'

Kabir says: 'Keep within you truth, detachment, and love.'

अन्ततः तुम सुख सागर के पास आ चुके हो,
अब यहाँ से प्यासे मत लौटो!
अरे मूर्ख जागो, मृत्यु तुम्हारा पीछा कर रही है

यहाँ तुम्हारे सामने निर्मल जल का सागर है,
मृगतृष्णा के पीछे मत भागो,
उस अमृत रस के लिए प्यास जगाओ!
ध्रुव, प्रह्लाद और शुकदेव ने इसका पान किया है।
और पान किया है रविदास ने।
संतों ने भी सप्रेम इसका पान किया है,
उनकी प्यास है प्रेम की आस।
कबीर कहते हैं, "मेरी बात सुनो,
अब भय का बसेरा ढह गया है।"

62

सती को कौन सिखावता है,
संग स्वामी के तन जारना जी।
प्रेम को कौन सिखावता है,
त्याग माहिं भोग को पाना जी॥

WHO HAS EVER taught the widowed wife to burn herself on the pyre of her dead husband?
And who has ever taught love to find bliss in renunciation?

पति के संग अपनी देह जला डालना—
सती को किसने सिखाया है?
और प्रेमी को किसने सिखाया है
कि त्याग के मध्य ही भोग को प्राप्त करना है।

63

अरे मन धीरज काहे न धरै।
पसु पंछी, जिव कीट पतंगा सब की सुद्ध करै।
गर्भ वास में खबर लेतु है बाहर क्यों बिसरै॥
मन तु हसन से साहब के, भटकत काहे फिरै।
पीतम छोड़ और को धावै, कारज हक न सरै॥

WHY SO impatient, my heart?
He who watches over birds, beasts, and insects,
He who cared for you whilst you were yet in your mother's womb,
Shall He not care for you now that you are come forth?
Oh my heart, how could you turn from the smile of your Lord and wander so far from Him?
You have left your Beloved and are thinking of others: and this is why all your work is in vain.

अरे मेरे मन, तुम इतने अधीर क्यों हो?
तुम धैर्य क्यों नहीं धारण करते।
जो पशु, पक्षी, कीट, पतंग का ध्यान रखते हैं,
जिसने माँ के गर्भ में रहते हुए तुम्हारी रक्षा की
क्या वह तुम्हारे जन्म लेने के बाद,
तुम्हारा ध्यान नहीं रखेगा?
अरे मेरे मन, तुम अपने प्रभु की मुस्कान की अनदेखी कर
उनसे दूर-दूर भागते फिरते हो!
तुम अपने प्रियतम को छोड़, अन्य के मोह में पड़े हुए हो।
यही कारण है कि तुम्हारा समस्त कर्म व्यर्थ हो रहा है।

64

साईं से लगन कठिन है भाई।
जैसे पपिहा प्यासा बूँद का, पिया पिया रट लाई।
प्यासे प्रान तड़फै दिन राति और नीर न भाई॥
जैसे मिरगा शब्द सनेही, शब्द सुनन को जाई।
शब्द सुनै और प्रान दान दे तनिको नाहिं डराई॥
जैसे सती चढ़ी सत ऊपर पिया की राह मन भाई।
पावक देख डरे वह नाहीं हँसत बैठ सरा माई॥
छोड़ो तन अपने की आसा निर्भय ह्वै मन गाई।
कहत कबीर सुनो भाई साधो नाहिं तो जनम नसाई॥

HOW HARD IT is to meet my Lord!

The rain-bird wails in thirst for the rain: almost she dies of her longing, yet she would have none other water than the rain.

Drawn by the love of music, the deer moves forward: she dies as she listens to the music, yet she shrinks not in fear.

The widowed wife sits by the body of her dead husband: she is not afraid of the fire.

Put away all fear for this poor body.

स्वामी के संग मिलन होना बहुत कठिन है।
चातकी जैसे स्वाती जल की पिपासा में व्याकुल रहती है।
पिपासा में भले ही प्राण निकल जाए—
वर्षा जल के सिवा अन्य जल ग्रहण नहीं करती।
हिरणी जैसे संगीत प्रेम से आकृष्ट हो वन में भटकती फिरती है—
उस संगीत को सुनते हुए प्राण गँवा देती है,

और तनिक भी भयभीत नहीं होती।
सती जिस प्रकार सत के बल पर चिता पर चढ़ जाती है—
वह आग से लेश मात्र भी नहीं डरती—
वह हँसती हुई पति के साथ चिता पर जा बैठती है।
कबीर कहते हैं, "इस नश्वर देह के नष्ट होने के समस्त भय को दूर रखो!"

65

जब मैं भूला रे भाई, मेरे सतगुर जुगत लखाई॥
किरिया कर्म्म अचार मैं छाँड़ा, छाँड़ा तीरथ का न्हाना।
सगरी दुनिया भई सयानी, मैं ही इक बौ राना॥
ना मैं जानूँ सेवा बन्दगी, ना मैं घंट बजाई।
ना मैं मूरत धरी सिंघासन, ना मैं पुहुप चढ़ाई॥
ना हरि रीझै जप तप कीन्हे, ना काया के जारे।
ना हरि रीझै धोती छाँड़े, ना पाँचो के मारे॥
दया राखि धरम कोन पालै, जग सों रहै उदासी।
आपना सा जीव सब को जानै, ताहि मिलै अनिवासी॥
सहै कुशब्द बाद को त्यागै छाँड़े गर्व्व गुमाना।
सत्त नाम ताहि को मिलिहै कहैं कबीर सुजाना॥

O BROTHER! When I was forgetful, my true Guru showed me the Way.

Then I left off all rites and ceremonies, I bathed no more in the holy water:

Then I learned that it was I alone who was mad, and the whole world beside me was sane; and I had disturbed these wise people.

From that time forth I knew no more how to roll in the dust in obeisance:

I do not ring the temple bell:

I do not set the idol on its throne:

I do not worship the image with flowers.

It is not the austerities that mortify the flesh which are pleasing to the Lord,

When you leave off your clothes and kill your senses, you do not please the Lord:

The man who is kind and who practises righteousness, who remains passive amidst the affairs of the world, who considers all creatures on earth as his own self,

He attains the Immortal Being, the true God is ever with him.

Kabir says: 'He attains the true Name whose words are pure, and who is free from pride and conceit.'

अरे भाई, जब मैं प्रमादग्रस्त था, भ्रम में पड़ा था,
तब मेरे सद्‌गुरु ने मुझे पथ सुझाया था।
मैंने तब समस्त क्रिया-कर्म, आचार-विचार छोड़ दिया
और तीर्थों में स्नान करना छोड़ दिया,
तब मैंने पाया कि मैं ही एकमात्र पागल हूँ
और समस्त संसार बुद्धिमान है।
मैंने उन सबको उद्विग्न कर दिया था।
उस दिन से मैंने धूल-धूसरित हो,
दंडवत् प्रणाम करना छोड़ दिया,
न मैं मन्दिर में घंटा बजाता हूँ—
न तो मैं सिंहासन में कोई मूर्ति स्थापित करता हूँ—
और ना ही पुष्प के द्वारा किसी प्रतिमा की अर्चना करता हूँ।
जप-तप करने और देह को कष्ट देने से प्रभु प्रसन्न नहीं होते
वस्त्रादि त्याग करने एवं इन्द्रिय निग्रह से प्रभु तृप्त नहीं होते।
वह व्यक्ति, जो दयालु है और जो सदाचार का पालन करता है
जो सांसारिक काम-काज में अनासक्त बना रहता है;
जो समस्त जीव को आत्मवत् स्वीकार करता है,
वही उस अमृत पुष्प को प्राप्त करता है।
कबीर कहते हैं, "वही परम सत्ता को पाता है,
जो अहंकार और दम्भ से मुक्त है।"

66

मन न रँगाए, रँगाए जोगी कपड़ा।
आसन मारि मन्दिर में बैठे,
ब्रह्म छाँड़ि पूजन लगे पथरा॥
कनवा फड़ाये जोगी जटवा बढ़ौले।
दाढ़ी बढ़ाये जोगी, होइ गैले बकरा॥
जंगल जाये जोगी, धुनिया रमौले।
काम जराय जोगी, होइ गैले हिजरा॥
मथवा मुड़ाय जोगी, कपड़ा रँगौले,
गीता बाँच के होइ गैले लबरा॥
कहहिं कबीर सुनो भाई साधो,
जम दरवजवा बाँधल जैबे पकड़ा॥

THE YOGI dyes his garments, instead of dyeing his mind in the colours of love:

He sits within the temple of the Lord, leaving Brahma to worship a stone.

He pierces holes in his ears, he has a great beard and matted locks, he looks like a goat:

He goes forth into the wilderness, killing all his desires, and turns himself into an eunuch:

He shaves his head and dyes his garments; he reads the Gita and becomes a mighty talker.

Kabir says: 'You are going to the doors of death, bound hand and foot!'

प्रेम के रंग में मन न रँगाकर जोगी ने अपना कपड़ा रँगवा लिया है।
प्रभु के मन्दिर में आसन जमाकर, ब्रह्म को छोड़,

पत्थर की पूजा करता है।
कान छिदवाकर, जोगी ने अपनी जटाएँ लम्बी कर ली हैं
और दाढ़ी बढ़ाकर जोगी एकदम बकरा-जैसा दीख रहा है।
जंगल जाकर जोगी ने धूनी जलाकर, आसन जमा लिया है
और समस्त इच्छाओं का दमन कर नपुंसक (हिजड़ा) बन गया है।
सिर मुँड़ाकर, कपड़े रँगाकर, गीता बाँचकर,
जोगी ज़बरदस्त वाचाल (लबरा) बन गया है।
कबीर कहते हैं, "यमदूत तुम्हारे हाथ बाँधकर मृत्यु के द्वार तक ले जाएगा।"

67

ना जाने साहब कैसा है।
मुल्ला होकर बाँग जो देवै, क्या तेरा साहब बहरा है।
कीड़ी के पग नेवर बाजे, सो भी साहब सुनता है।
माला फेरी तिलक लगाया, लम्बी जटा बढ़ाता है।
अन्तर तेरे कुफर कटारी, यों नहिं साहब मिलता है॥

I DO NOT KNOW what manner of God is mine..

The Mullah cries aloud to Him: and why? Is your Lord deaf? The subtle anklets that ring on the feet of an insect when it moves are heard of Him.

Tell your beads, paint your forehead with the mark of your God, and wear matted locks long and showy: but a deadly weapon is in your heart, and how shall you have God?

मैं नहीं जानता ईश्वर कैसा है?
वह मुल्ला उसके लिए इतनी चीख़-पुकार क्यों कर रहा है?
क्या तुम्हारा साहब बहरा है?
अरे क्षुद्रतम कीट के पाँवों में भी जो नूपुर बजता है,
वह भी वे सुन लेते हैं।
भले ही जपमाला फेरो, तिलक लगाओ, लम्बी जटा बढ़ा लो—
तुम्हारे अन्तर में तो धारदार तलवार है;
ऐसी करतूतों से (क्या) तुम्हें साहब (ईश्वर) मिल जाएँगे?

68

हमसे रहा न जाए
मुरलिया कै धुन सुन के।
बिना बसंत फूल इक फूले
भँवर सदा बोलाय॥
गगन गरजै बिजुली चमकै
उठती हिये हिलोर।
बिगसत कँवल मेघ बरसाजै
चितवत प्रभु की ओर॥
तारी लागी तहाँ मन पहुँचा
गैब धुजा फहराए।
कहैं कबीर आज प्रान हमारा
जीवत ही मर जाए॥

I HEAR THE melody of His flute, and I cannot contain myself:

The flower blooms, though it is not spring; and already the bee has received its invitation.

The sky roars and the lightning flashes, the waves arise in my heart,

The rain falls; and my heart longs for my Lord.

Where the rhythm of the world rises and falls, thither my heart has reached:

There the hidden banners are fluttering in the air. Kabir says: 'My heart is dying, though it lives.'

सुनो, मैं उनकी मुरली की ध्वनि सुनकर स्वयं को रोक नहीं पा रही।
बिना बसंत के फूल खिले हैं और इनके साथ ही,
भ्रमरी को निमंत्रण मिल चुका है।

गगन गरज रहा है और बिजली चमक रही है;
उधर मेरे हृदय में तरंगें उठ रही हैं।
मेघ बरस रहा है और मेरा अन्तर प्रिय मिलन के लिए बेचैन हो उठा है।
जहाँ कहीं विश्व की लय उठ और गिर रही है,
मेरा मन वहाँ जा पहुँचा है,
जहाँ अदृष्ट पताकाएँ गगन में लहरा रही हैं।
कबीर कहते हैं, "आज मेरे प्राण जीते जी मर रहे हैं।"

69

जो खोदा मसजिद बसत है
और मुलुक केहि केरा।
तीरथ मूरत राम निवासी
बाहर करे को हेरा॥
पूरब दिशा हरि को बासा
पश्चिम अलह मुकामा।
दिल में खोजि दिल हिमा खोजा
इहै करीमा रामा॥
जेते औरत मरद उपानी
सो सब रूप तुम्हारा।
कबीर पोंगरा अलह राम का
सो गुरु पीर हमारा॥

IF GOD BE within the mosque, then to whom does this world belong?

If Ram be within the image which you find upon your pilgrimage, then who is there to know what happens without?

Hari is in the East: Allah is in the West. Look within your heart, for there you will find both Karim and Ram;

All the men and women of the world are His living forms.

Kabir is the child of Allah and of Ram: He is my Guru, He is my Pir.

ख़ुदा अगर मस्जिद में रहता है तो फिर यह सारा संसार किसका है?
तुमने अपनी तीर्थ यात्रा में राम की प्रतिमा पाई थी,
अगर उसमें राम बसते हैं तो बाहर के विश्व को कौन देखता है?
पूर्व दिशा में हरि का वास है तो पश्चिम दिशा में अल्लाह का मुकाम।

अन्तर में तुम उनका सन्धान करो!
तुम्हें यहीं करीम और राम—दोनों मिल जाएँगे।
इस संसार में जितनी स्त्रियाँ और पुरुष हैं,
वे सभी उन्हीं के जीवन्त रूप हैं।
कबीर अल्ला और राम का बालक है।
वही मेरा गुरु है और वही मेरा पीर।

70

शील सन्तोष सदा समदृष्टि
रहनि गहनि में पूरा।
ताके दरस परस भय भाजै
होई कलेस सब दूरा॥
निसि बासर चरचा चित चन्दन
आन कथा न सोहावै।
करनी धरनी संगीत गावै
प्रेम रंग उड़ावै॥
राग सरूप अखंडित अविचल
निर्भय बेपरवाई।
कहैं कबीर ताहि पग परसो
घट घट सब सुखदाई॥

HE WHO IS meek and contented, he who has an equal vision, whose mind is filled with the fullness of acceptance and of rest;

He who has seen Him and touched Him, he is freed from all fear and trouble.

To him the perpetual thought of God is like sandal paste smeared on the body, to him nothing else is delight:

His work and his rest are filled with music: he sheds abroad the radiance of love.

Kabir says: 'Touch His feet, who is one and indivisible, immutable and peaceful; who fills all vessels to the brim with joy, and whose form is love.'

जो लोग विनम्र और सन्तोषी हैं, जो समदर्शी हैं
और जिनका चित्त सन्तोष और विश्रान्ति से परिपूर्ण है;

जिन्होंने उनका दर्शन किया है और स्पर्श पाया है
और जो अब समस्त भय और क्लेश से मुक्त हो गए हैं।
उनके लिए उनका निरन्तर चिन्तन समस्त देह में
चन्दन के लेप के समान होता है।
उसे दूसरी कोई बात नहीं सुहाती।
उसके समस्त कर्मों में और विश्राम में परिपूर्ण संगीत ध्वनित होता है;
वह चतुर्दिक् प्रेम की आभा बिखेरता है।
जो अखंड और अविभक्त हैं, जो निर्विकार और प्रशान्त हैं।
कबीर कहते हैं, "उनके चरणों का स्पर्श करो,
जो घट-घट को आनन्द से सराबोर करते हैं,
और प्रेम ही जिनका स्वरूप है।"

71

साध संगत पीतम उहाँ चल जाइए।
भाव भक्ति उपदेस तहाँ ते पाइए॥
संगत हि जरि जाव ना चरचा नाम की।
दुलह बिना बरात कहो किस काम की॥
दुविधा को कर दूर पीतम को धाइए॥
आन देव की सेव न चित्त लगाइए॥
आन देव की सेव भली नहिं जीव को।
कहैं कबीर विचार न पावै पीव को॥

GO THOU TO the company of the good, where the Beloved One has His dwelling place:

Take all thy thoughts and love and instruction from thence.

Let that assembly be burnt to ashes where His Name is not spoken!

Tell me, how couldst thou hold a wedding-feast, if the bridegroom himself were not there?

Waver no more, think only of the Beloved;

Set not thy heart on the worship of other gods, there is no worth in the worship of other masters.

Kabir deliberates and says: 'Thus thou shalt never find the Beloved!'

जहाँ साधकों का संग है, वहाँ प्रियतम विराजते हैं—वहाँ चले जाओ!
तुम अपने सोच-विचार तथा प्रेम एवं उपदेश—
सारा कुछ वहाँ से ग्रहण करो।
उस संगत को जल जाने दो, जहाँ उनके नाम की चर्चा नहीं है।
अच्छा, यह तो बताओ, जिस विवाहोत्सव में दूल्हा नहीं है,

वह भला किस काम का?
अपनी दुविधा के बारे में न सोचकर प्रियतम का ध्यान करो;
अन्य देवताओं में चित्त मत लगाओ।
दूसरे देवताओं की सेवा-पूजा से कुछ भला नहीं होनेवाला।
कबीर विचार कर कहते हैं—
"ऐसा करने पर तुमसे प्रियतम का मिलन नहीं होगा।"

72

तोर हीरा हिरायल बा कीचड़ में
कोई ढूँढ़े पूरब कोई ढूँढ़े पश्चिम,
कोई ढूँढ़े पानी पथरे में।
दास कबीर जो हीरा को परखें
बाँध लिहलें जियरा के अँचरे में॥

THE JEWEL IS lost in the mud, and all are seeking for it;

Some look for it in the east, and some in the west; some in the water and some amongst stones.

But the servant Kabir has appraised it at its true value, and has wrapped it with care in the end of the mantle of his heart.

तुम्हारा हीरा तो कीचड़ में खो गया है।
कोई उसे पूर्व दिशा में ढूँढ़ रहा है तो कोई पश्चिम में,
कोई पानी में ढूँढ़ रहा है तो कोई पत्थर में।
दास कबीर ने उस रतन को परखकर,
अपने हृदय के आँचल में सहेज कर रखा है।

73

आयो दिन गवने का हो मन होत हुलास।
डोलिया उतारै बीजा बनवाँ हो,
जहँ कोई न हमार।
पइयाँ तोरी लागौं कहरवा हो,
डोली धर छिन बार॥
मिल लेवँ सखिया सहेलर हो,
मिलौ कुल परिवार॥
दास कबीर गावैं निरगुन हो
साधो करिले विचार।
नरम गरम सौदा करिले हो,
आगे हाट न बजार॥

THE PALANQUIN came to take me away to my husband's home, and it sent through my heart a thrill of joy;

But the bearers have brought me into the lonely forest, where I have no one of my own.

O bearers, I entreat you by your feet, wait but a moment longer: let me go back to my kinsmen and friends, and take my leave of them.

The servant Kabir sings: 'O Sadhu! finish your buying and selling, have done with your good and your bad: for there are no markets and no shops in the land to which you go.'

गौने के दिन
मुझे प्रियतम के घर ले जाने के लिए
पालकी आ पहुँची है,
लेकिन कहारों ने मेरी पालकी किसी निर्जन वन में उतार दी,

जहाँ मेरा अपना कोई नहीं था।
अरे कहारो, मैं तुम्हारे पाँव पड़ती हूँ,
पल भर के लिए रुक जाओ!
मैं घर लौटकर सखी-सहेलियों से मिल आऊँ
और उनसे विदा माँग लूँ!
दास कबीर गा रहे हैं, "ओ साधु, सोच-विचार कर अच्छा-बुरा
जो कुछ बेचना या ख़रीदना है, पूरा कर डालो।
अब आगे तुम जहाँ जा रहे हो,
वहाँ न तो कोई हाट है और न बाज़ार।"

74

अरे दिल, प्रेम नगर का अन्त न पाया।
ज्यौं आया त्यौं जावेगा॥
सुन मेरे साजन सुन मेरे मीता।
या जीवन में क्या क्या कीता।
सिर पाहन का बोझा लीता।
आगे कौन छुड़ावेगा॥
परली पार मेरा मीता खड़िया।
उस मिलने का ध्यान न धरिया।
टूटी नाव ऊपर जा बैठा।
गाफिल गोता खावेगा॥
दास कबीर कहैं समुझाई।
अन्तकाल तेरो कौन सहाई।
चलो अकेला संग न कोई।
किया आपना पावेगा॥

O MY HEART! you have not known all the secrets of this city of love: in ignorance you came, and in ignorance you return.

O my friend, what have you done with this life? You have taken on your head the burden heavy with stones, and who is to lighten it for you?

Your Friend stands on the other shore, but you never think in your mind how you may meet with Him:

The boat is broken, and yet you sit ever upon the bank; and thus you are beaten to no purpose by the waves.

The servant Kabir asks you to consider; who is there that shall befriend you at the last?

You are alone, you have no companion: you will suffer the consequences of your own deeds.

अरे मन, तूने इस प्रेम नगर के रहस्य को नहीं जाना।
तू जैसे अज्ञानी बनकर आया था,
वैसे ही अज्ञानी बनकर ही चला जाएगा।
सुनो मेरे मीत, इस जीवन में तुमने क्या कुछ किया है?
तुमने अपने सिर पर पत्थर का भारी बोझ उठा रखा है।
तुम्हें इससे कौन मुक्त करेगा?
उस पार तुम्हारे मीत खड़े हैं—
उनसे मिलने की तुमने कोई चिन्ता नहीं की।
तुम्हारी नाव टूटी हुई है,
यह जानकर भी तुम किनारे पर जाकर बैठ गए?
इस तरह तो तुम व्यर्थ ही लहरों के थपेड़े खाओगे?
दास कबीर यह समझाते हुए पूछते हैं, "तुम अकेले ही चल पड़े हो,
कोई संगी-साथी भी साथ नहीं।
तुम अपने किए का ही फल पाओगे।"

75

वेद कहे सरगुन के आगे
निरगुन का विसराम।
सरगुन निरगुन तजहु सोहागिन
देख सबहि निजधाम॥
सुख दुख वहाँ कछु नहिं ब्यापै
दरसन आठौ जाम।
नूरै ओढ़न नूरै आसन
नूरै का सिरहान॥
कहैं कबीर सुनो भाई साधो
सतगुर नूर तमाम॥

THE VEDAS say that the Unconditioned stands beyond the world of Conditions.

O woman, what does it avail thee to dispute whether He is beyond all or in all?

See thou everything as thine own dwelling place: the mist of pleasure and pain can never spread there.

There Brahma is revealed day and night: there light is His garment, light is His seat, light rests on thy head.

Kabir says: 'The Master, who is true, He is all light.'

वेद कहते हैं कि सगुण विश्व के पार निर्गुण विराजते हैं;
अरी सुहागिन, सगुण-निर्गुण आदि के द्वंद्व का विचार त्याग दो!

तुम अपने आवास स्थान को ही देखो!

जहाँ सुख या दुख तनिक भी नहीं व्यापता।

जहाँ दिवा-रात्रि ब्रह्म के दर्शन होते हैं।

जहाँ ज्योति ही उनका वसन और ज्योति ही आसन और ज्योति ही सिरहाना है।

कबीर कहते हैं, "ऐसे हैं सद्गुरु, जो सम्पूर्णतः ज्योतिर्मय (नूर-स्वरूप) हैं।"

76

तू सूरत नैन निहार वह अंड में सारा है।
तू हिरदे सोच विचार यह देस हमारा है॥
सद्गुरु दरस होयँ जब भाई वह दें तुमको प्रेम चिताई।
सुरत निरत के भेद बताई तब देखे अंड के पारा है॥
सकल जगत में सत की नगरी चित भुलावे बाँकी डगरी।
सो पहुँचे चाले बिन पगरी ऐसा खेल अपारा है॥
लीला सुक्ख अनन्त वहाँ की जहाँ रास विलास अपारा है।
गहन तजन छूटे यह पाई फिर नहीं पाना सताना है॥
पद निरवान है अनन्त अपारा सुरति मूरति लोक पसारा है।
सत्त पुरुष नूतन तन धारा साहिब सकल रूप सारा है॥
बाग बगीचे खिली फुलवारी अमृत लहरे हो रहिं जारी।
हंसा खेल करत तहँ भारी जहँ अनहद घुरै अपारा है॥
ता मध अधर सिंघासन गाजै पुरुष महा तहँ अधिक बिराजै।
कोटिन सूर रोम इक लाजै ऐसा पुरुष दीदारा है॥
पन्थ वीना सतराग उचारैं जो बेधत हिये मँझारा है।
जनम जनम का अमृतधारा जहँ अधर अमृत फुहारा है॥
सत्त से सत्त सुन्न कहलाई सत्त भंडार याही के माहीं।
नि:तत रचना ताहि रचाई जो सबहिन तें न्यारा है॥
अहद लोक वहाँ है भाई पुरुष अनामी अकह कहाई।
जो पहुँचे जानेंगे वाही कहन सुनन ते न्यारा है॥
रूप सरूप कछु वहँ नाहीं ठौर ठाँव कछु दीसै नाहीं।
अरज तूल कुछ दृष्टि न आई कैसे कहूँ सुमारा है॥
जापर किरपा करिहैं साईं अहद मारग पावै ताही।
उद्भौ परलय पावत नाहीं जब पावै दीदारा हो॥
कहैं कबीर मुख कहा न जाई ना कागद पर अंक चढ़ाई।
मानो गूँगे सम गुड़ खाई कैसे वचन उचारा हो॥

OPEN YOUR eyes of love, and see Him who pervades this world! consider it well, and know that this is your own country.

When you meet the true Guru, He will awaken your heart;

He will tell you the secret of love and detachment, and then you will know indeed that He transcends this universe.

This world is the City of Truth, its maze of paths enchants the heart:

We can reach the goal without crossing the road, such is the sport unending.

Where the ring of manifold joys ever dances about Him, there is the sport of Eternal Bliss.

When we know this, then all our receiving and renouncing is over;

Thenceforth the heat of having shall never scorch us more.

He is the Ultimate Rest unbounded:

He has spread His form of love throughout all the world.

From that Ray which is Truth, streams of new forms are perpetually springing: and He pervades those forms.

All the gardens and groves and bowers are abounding with blossom; and the air breaks forth into ripples of joy.

There the swan plays a wonderful game,

There the Unstruck Music eddies around the Infinite One:

There in the midst the Throne of the Unheld is shining, where on the great Being sits—

Millions of suns are shamed by the radiance of a single hair of His body.

On the harp of the road what true melodies are being sounded! and its notes pierce the heart:

There the Eternal Fountain is playing its endless life-streams of birth and death.

They call Him Emptiness who is the Truth of truths, in Whom all truths are stored!

There within Him creation goes forward, which is beyond all philosophy; for philosophy cannot attain to Him:

There is an endless world, O my Brother! and there is the Nameless Being, of whom nought can be said.

Only he knows it who has reached that region: it is other than all that is heard and said.

No form, no body, no length, no breadth is seen there: how can I tell you that which it is?

He comes to the Path of the Infinite on whom the grace of the Lord descends: he is freed from births and deaths who attains to Him.

Kabir says: 'It cannot be told by the words of the mouth, it cannot be written on paper:

It is like a dumb person who tastes a sweet thing—how shall it be explained?'

अरे मन, प्रेम की आँखें खोलकर, उन्हें देखो जो ब्रह्मांड के प्राण हैं;
वे जो सम्पूर्ण विश्व में व्याप रहे हैं।
तुम अपने अन्तर में अच्छी तरह सोच-विचारकर देखो
कि यह जगत (देस) मेरा अपना है।
उस सद्‌गुरु के साथ अब तुम्हारा मिलन होगा,
तब वे तुम्हारे प्रेम को जाग्रत कर देंगे।
वे प्रेम और वैराग्य का रहस्य समझा देंगे,
तब तुम जान पाओगे कि वे सचमुच विश्व से परे (विश्वातीत) हैं।
सारा विश्व उसी सत्य का धाम है,
जिसकी टेढ़ी-मेढ़ी वीथियों ने मेरे चित्त को उद्वेलित कर दिया है।
उन राहों को पार किए बिना भी अपने गंतव्य स्थान तक पहुँच सकते हो,
जहाँ उस असीम की आनन्द लीला हो रही है।
जब हम इसे समझ पाते हैं
तो हमारे समस्त प्राप्ति और त्याग के भाव मिट जाते हैं
इसके उपरान्त तृष्णाग्नि कभी संतप्त नहीं करती।
वे ही अन्तिम पद और अपार हैं।
उन्होंने अपने स्वरूप को सम्पूर्ण विश्व में प्रसारित किया है।
उसी किरण से जो कि सत्य है, नित्य नवीन सृष्टि की धारा निःसृत होती है।
उसी ने समस्त रूपाकारों में स्वयं को व्याप्त कर रखा है।
समस्त उद्यान, समस्त उपवन, सारे बाग़-बग़ीचे विभिन्न पुष्पों से
शोभित हो उठे हैं
और वायु में आनन्द की ध्वनि गूँज उठी है।
हंस वहाँ के इस विस्तृत खेल में निमग्न है।
वहाँ, उस असीम के चतुर्दिक् अपार रागिनी ध्वनित हो उठी है।
उनके मध्य अनन्त का सिंहासन विद्युत् की तरह दीपित है;
जहाँ वह महासत्ता अपूर्व भाव से विराजमान है।
उनके एक-एक रोम की दीप्ति में

कोटि-कोटि सूर्यों की आभा निष्प्रभ हो जाती है।
वहीं पन्थ वीणा का सत्य राग गूँज रहा है।
उसका सुर हृदय को वेध रहा है।
वहाँ जन्म-मरण की अमृत धारा उच्छ्वसित है।
अनन्त का अमृत स्रोत वहाँ से फूट पड़ा है।
जो समय-सत्य का सार है,
उसे सभी शून्य कहकर जानते हैं,
क्योंकि उसमें सभी सत्य समाहित हैं।

उन्हीं में सकल तत्त्वों से परे नित्य और निरन्तर सृष्टि होती रहती है।
क्योंकि तत्त्व (दर्शन) उनका प्राप्य—लक्ष्य नहीं।
अरे भाई, वहीं वह अनाम सत्ता विराजती है,
उनको भला क्या नाम दिया जाए! जो वहाँ पहुँचे हैं,
वे इस तत्त्व को जानते हैं—और यह सब वचन और श्रवण से परे है।
वहाँ रूप या स्वरूप—आकार या आयतन—कुछ भी नहीं दीखता,
स्थूलता या दीर्घता, दृष्टिगत नहीं होती।
उनके बारे में कुछ भी कैसे बताया जाए!
प्रभु जिस पर कृपा करते हैं, वही असीम पथ को प्राप्त करेगा।
उस परम सुन्दर को पाने पर
वह जन्म और मृत्यु के बन्धन से मुक्त हो जाएगा।
कबीर कहते हैं—"इसे कथन द्वारा व्यक्त नहीं किया जा सकता
और न काग़ज़ पर लिखा जा सकता है।
जैसे कि गूँगा गूड़ खाकर उसका स्वाद नहीं बता सकता।
कोई भी उसे कैसे व्यक्त कर सकता है!"

77

चल हंसा बा देस जहँ पिया बसै चित चोर।
सुरत सोहागिन है पनिहारिन भरै ठाढ़ बिन डोर॥
वहि देसवाँ बादर न उमड़ै रिमझिम बरसे मेह।
चौबारे में बैठे रहो ना जा भीजहू निर्देह॥
वहि देसवा में नित्त पूर्णिमा कबहू न होए अन्धेर।
एक सुरज कै कौन बतावै कोटिन सूरज उँजेर॥

O MY HEART! let us go to that country where dwells the Beloved, the ravisher of my heart!

There Love is filling her pitcher from the well, yet she has no rope wherewith to draw water;

There the clouds do not cover the sky, yet the rain falls down in gentle showers:

O bodiless one! do not sit on your doorstep; go forth and bathe yourself in that rain!

There it is ever moonlight and never dark; and who speaks of one sun only? that land is illuminate with the rays of a million suns.

ओ मेरे मन, उस देश में चलो,
जहाँ मेरे प्रियतम, मेरे चितचोर वास करते हैं।
जहाँ पनिहारिन प्रेयसी अपने प्रेम के कलसे में,
बिना डोर के कुएँ से जल भर रही है।
वहाँ उमड़ते मेघ के बिना, रिमझिम वर्षा हो रही है।
तुम बरामदे पर बैठे मत रहो!
ओ अदेही, तुम उस वर्षा धाम में जाकर भीग लो!
उस देश में सदैव पूर्णिमा रहती है, वहाँ कभी अँधेरा नहीं होता।
वहाँ एक सूर्य की बात कौन करे,
कोटि-कोटि सूर्य की प्रभा से वह धाम समुज्ज्वल है।

78

कहैं कबीर सुनो हो साधो अमृत वचन हमार।
जो भल चाहो आपनो परखो करो विचार॥
जे करता तें ऊपजे तासों परि गयो बीच।
अपनी बुद्धि विवेक बिन सहज बिसाई मीच॥
यहि मे ते सब मत चले यही चल्यौ उपदेस।
निश्चय गहि निर्भय रहो सुन परम तत्त सन्देस॥
केहि गावो केहि ध्यावहू छोड़ो सकल धमार।
यह हिरदे सबको बसे क्यों सेवो सुन उजाड़॥
दूरहि करता थापिके करी दूर की आस।
जो करता दूरै हुते तो को जग सिरजै आन॥
जो जानो यहँ है नहीं तो तुम धारा दूर।
दूर से दूर भ्रमि भ्रमि निस्फल मरो बिसूर॥
दुर्लभ दरसन, दूर के नियर सदासुख-वास।
कहैं कबीर मोहिं व्यापिया मत दुख पावे दास॥
आप अपनपौ चीन्हहू नख सिख सहित कबीर।
आनन्द मंगल गावहू होहि अपनपौ थीर॥

KABIR SAYS: O Sadhu! hear my deathless words. If you want your own good, examine and consider them well.

You have estranged yourself from the Creator, of whom you have sprung: you have lost your reason, you have bought death.

All doctrines and all teachings are sprung from Him, from Him they grow: know this for certain, and have no fear.

Hear from me the tidings of this great truth!

Whose name do you sing, and on whom do you meditate? O, come forth from this entanglement!

He dwells at the heart of all things, so why take refuge in empty desolation?

If you place the Guru at a distance from you, then it is but the distance that you honour:

If indeed the Master be far away, then who is it else that is creating this world?

When you think that He is not here, then you wander further and further away, and seek Him in vain with tears.

Where He is far off, there He is unattainable: where He is near, He is very bliss.

Kabir says: 'Lest His servant should suffer pain He pervades him through and through.'

Know yourself then, O Kabir; for He is in you from head to foot.

Sing with gladness, and keep your seat unmoved within your heart..

कबीर कहते हैं, ओ साधु, मेरी अमृत वाणी सुनो!
अगर अपनी भलाई चाहते हो तो इसे परखो
और इस पर विचार कर देखो!
तुम जिस स्रष्टा से उत्पन्न हुए हो,
तुमने उससे स्वयं को अलग कर लिया है।
बुद्धि और विवेक के अभाव में
तुमने सहज ही मृत्यु को ख़रीद लिया है।
इनके बीच (उत्पन्न होने के कारण) समस्त मत-मतान्तर एवं प्रबोधन
उन्हीं के द्वारा प्रणीत एवं प्रसारित हुए हैं।
इन्हें निश्चयपूर्वक ग्रहण कर निर्भय हो जाओ।
मुझसे इस परम सत्य का सन्देश श्रवण करो।
तुम किनके नाम का गान और किनका ध्यान कर रहे हो!
ये सारे घाल-मेल बन्द करो।
वे तो सकल प्राणी के अन्तर में वास करते हैं,
तुम व्यर्थ ही सूने उजाड़ की शरण लिये हुए हो।
गुरु को दूर विस्थापित करके
तुमने उनसे दुराव को ही सम्मानित किया है।
अगर स्रष्टा सचमुच दूर होते तो फिर इस जगत की सृष्टि कौन करता?
तुम ऐसा क्यों सोचते हो कि वे यहाँ नहीं हैं—
फिर तुम दूर भागते हो और दूर-दूरान्त भटकते
और फिर रोते-बिसूरते रहते हो।

अगर वे दूर होते तो उनका दर्शन दुर्लभ होता।
उनके निकट नित्य आनन्द का वास होता है।
कबीर कहते हैं, "ऐसे में उनका दास कहीं दुख नहीं पाए,
इस कारण वे मुझे चारों ओर से व्यापे हुए हैं।
अरे कबीर, वे नख से सिख तक तुम्हारे साथ हैं
आनन्द मनाते हुए गान करो, अपने अन्तर को स्थिर (निश्चल) किये रहो।"

79

ना मैं धर्मी नहीं अधर्मी
ना मैं जती ना कामी हो।
ना मैं कहता ना मैं सुनता
ना मैं सेवक स्वामी हो।
ना मैं बँधा ना मैं मुक्ता
ना विरत मैं रंगी हो।
ना काहू से न्यारा हुआ
ना काहू के संगी हो॥
ना हम नरक लोक को जाते
ना हम सुर्ग सिधारे हो।
सब ही कर्म हमारा किया
हम कर्वन तें न्यारे हो।
या मत को कोई बिरला बूझै
सो अटर हो बैठे हो।
मत कबीर काहू को थापै
मत काहू को मेटे हो॥

I AM NEITHER pious nor ungodly,
I live neither by law nor by sense,
I am neither a speaker nor hearer,
I am neither a servant nor master,
I am neither bond nor free,
I am neither detached nor attached.
I am far from none: I am near to none.
I shall go neither to hell nor to heaven.
I do all works; vet I am apart from all works.

Few comprehend my meaning: he who can comprehend it, he sits unmoved.
Kabir seeks neither to establish nor to destroy.

न मैं धर्मी हूँ और न अधर्मी।
न मैं सेवक हूँ और न स्वामी।
न मैं बँधा हूँ और न मुक्त,
न मैं विमुक्त हूँ न संयुक्त।

न तो मैं किसी से दूर हूँ और न पास।
न तो मैं नरक जाऊँगा और न स्वर्ग।
मैं समस्त कर्म का कर्ता हूँ।
फिर भी इन सबसे अलग हूँ।

मेरे कथन का आशय विरले ही समझ पाते हैं।
और जो समझ पाते हैं, वे स्थिर हो बैठे रहते हैं।
कबीर न तो कुछ गढ़ते हैं और न कुछ ढहाते हैं।

80

सत्त नाम है सब तें न्यारा।
निर्गुन सर्गुन शब्द पसारा॥
निर्गुन बीज सर्गुन फल फूला।
साखा ज्ञान नाम है मूला॥
मूल गहें तें सब सुख पावै।
डाल पात में मूल गँवावै॥
साईं मिलानी सुख दिलानी।
निर्गुन सर्गुन भेद मिटानी॥

THE TRUE Name is like none other name!

The distinction of the Conditioned from the Unconditioned is but a word:

The Unconditioned is the seed, the Conditioned is the flower and the fruit.

Knowledge is the branch, and the Name is the root.

Look, and see where the root is: happiness shall be yours when you come to the root.

The root will lead you to the branch, the leaf, the flower, and the fruit:

It is the encounter with the Lord, it is the attainment of bliss, it is the reconciliation of the Conditioned and the Unconditioned.

सत्य नाम सबसे स्वतंत्र है।
शब्द ने ही निर्गुण एवं सगुण के अन्तर को प्रसारित किया है।
निर्गुण बीज है, जबकि सगुण फल फूल।
ज्ञान ही शाखा है और नाम ही मूल।
मूल ग्रहण करने पर ही समस्त सुख प्राप्त होगा।

मूल ही तुम्हें शाखा, पत्र और पुष्प तथा फल तक ले जाएगा,
यह देखो कि मूल कहाँ है;
यह वस्तुत: स्वामी के संग मिलन है—
जहाँ निर्गुण एवं सगुण के भेद मिट जाते हैं
और आनन्द की प्राप्ति होती है।

81

प्रथम एक जो आपै आप।
निराकार निर्गुण निर्जाप॥
नहिँ तब आदि अन्त मध तारा।
नहिँ तब अन्ध धुंध उजियारा॥
नहिँ तब भूमि पवन आकासा।
नहिँ तब पावक नीर निवासा॥
नहिँ तब सरसुति जमुना गंगा।
नहिँ तब सागर समुद तरंगा॥
नहिँ तब पाप पुन्न वेद पुराना।
नहिँ तब भए कतेब कुराना॥
कहें कबीर विचार के तब कुछ किरया नाहिं।
परम पुरुष तहँ आपही अगम अगोचर माहिं॥
करता कछू खावै नहिं पीवै।
करता कबहूँ मरै न जीवै॥
करता के कुछ रूप न रेखा।
करता के कुछ वरन न भेखा॥
ताके जात गोत कछू नाहीं।
महिमा बरनि न जाए मो पाँही॥
रूप अरूप नहीं तेहि नाँव।
वर्ण अवर्ण नहीं तेहि ठाँव॥

IN THE beginning was He alone, sufficient unto Himself: the formless, colourless, and unconditioned Being.

Then was there neither beginning, middle, nor end;
Then were no eyes, no darkness, no light;
Then were no ground, air, nor sky; no fire, water, nor earth; no rivers like the Ganges and the Jumna, no seas, oceans, and waves.

Then was neither vice nor virtue; scriptures there were not, as the Vedas and Puranas, nor as the Koran.

Kabir ponders in his mind and says, 'Then was there no activity: the Supreme Being remained merged in the unknown depths of His own self.'

The Guru neither eats nor drinks, neither lives nor dies:
Neither has He form, line, colour, nor vesture.
He who has neither caste nor clan nor anything else—how may I describe His glory?
He has neither form nor formlessness,
He has no name,
He has neither colour nor colourlessness,
He has no dwelling-place.

आरम्भ में वह सर्वथा अकेला था,
स्वयं में परिपूर्ण, निराकार, निरंग और निर्गुण।
निर्गुण रूप से सगुण का अन्तर मात्र शब्द का है।
तब न तो आदि था न ही मध्य और न ही अन्त था,
तब न तो कहीं दृष्टि थी और न अन्धकार था; और न प्रकाश।
नहीं थी भूमि, न पवन, न आकाश,
नहीं थी अग्नि और न जल।
न थी सरस्वती और न गंगा एवं यमुना;
न थे महासागर, समुद्र और तरंगें।
पाप और पुण्य भी नहीं थे,
न कोई धर्म ग्रन्थ, न वेद न पुराण न ही कतेब क़ुरान!
कबीर विचारपूर्वक कह रहे हैं, "तब कोई क्रिया नहीं थी।
परम सत्ता स्वयं ही अज्ञात गहराई में समाहित थी।"
कर्ता गुरु न तो कुछ खाते हैं, न पीते हैं।
वे न तो कभी मरते हैं और न जीवित रहते हैं।
उनका न कोई रूप है और न रेख;
न कोई वर्ण है न वेश
उनकी न कोई जाति है, न गोत्र, न अन्य कोई पहचान,
उनकी महिमा का वर्णन करना मेरे बस में नहीं।
रूप-अरूप से परे उनका कोई भी नहीं।
नाम नहीं, वर्ण या अवर्ण नहीं;
उनका कोई धाम भी नहीं।

82

कहैं कबीर विचार के जाके वर्ण न ठाँव।
निराकार और निर्गुना है पूरन सब ठाँव॥
करता आनन्द खेल लाई।
ओंकारते सृष्टि उपाई॥
आनन्द धरती आनन्द अकास।
आनन्द चन्द सूर परकास॥
आनन्द आदि अन्त मध तारा।
आनन्द अन्धकूप उजियारा॥
आनन्द सागर समुद्र तरंगा।
आनन्द सरसुति जमुना गंगा॥
करता एक और सब खेल।
मरन जनम विरह मेल॥
खेल जल थल सकल जहाना।
खेल जानो जमीं असमाना॥
खेल का यह सकल पसारा।
खेल माहिं रहै संसारा॥
कहैं कबीर सब खेलन माहीं।
खेलन हार को चीन्हैं नाहीं॥

KABIR PONDERS and says: 'He who has neither caste nor country, who is formless and without quality, fills all space.'

The Creator brought into being the Game of Joy: and from the word Om the Creation sprang.

The earth is His joy; His joy is the sky;
His joy is the flashing of the sun and the moon;
His joy is the beginning, the middle, and the end;
His joy is eyes, darkness, and light.

Oceans and waves are His joy: His joy the Sarasvati, the Jumna, and the Ganges.

The Guru is One: and life and death, union and separation, are all His plays of joy!

His play the land and water, the whole universe!

His play the earth and the sky!

In play is the Creation spread out, in play it is established. The whole world, says Kabir, rests in His play, yet still the Player remains unknown.

कबीर विचार कर कहते हैं, "जिनकी न तो कोई जाति है
और न कोई देश; जो निराकार और निर्गुण हैं,
उनके द्वारा समस्त स्थान परिपूर्ण है।"
कर्ता, जिन्होंने अपनी आनन्द लीला रचाई है
और जिन्होंने ओंकार शब्द से सृष्टि उत्पन्न की है।
धरती उनका आनन्द है, आकाश उनका आनन्द है,
आनन्द है उनका, सूर्य और चन्द्र का प्रकाश।
आनन्द है, आदि, मध्य और अन्त।
उनका आनन्द—नयन, अन्धकार एवं प्रकाश।
आनन्द हैं—सागर, समुद्र और तरंगें।
आनन्दरूपा हैं—सरस्वती, यमुना और गंगा।
कर्ता है एकमात्र पुरुष।
जन्म एवं मरण, विरह और मिलन आदि
सभी उनके आनन्दयुक्त खेल हैं।
उनके खेल में सम्मिलित हैं—जल, स्थल, सम्पूर्ण ब्रह्मांड।
उनके खेल में हैं—पृथ्वी और आकाश।
उनके खेल में समस्त सृष्टि प्रसारित है;
खेल में है अवस्थित है संसार।
कबीर कहते हैं, "समस्त सृष्टि इस खेल में फैली हुई है।
उनके खेल में सारा संसार विश्राम कर रहा है,
जबकि खिलाड़ी अनजाना है, वह पहचाना नहीं जा सकता।"

83

झी झी जंतर बाजै।
　　　　　कर चरन बिहुना नाचै॥
कर बिनु बाजै सुनै श्रवन बिनु
　　　　　श्रवन श्रोता लाई।
पाटन सुवास सभा बिनु अवसर
　　　　　बूझौ मुनि जन सोई॥

THE HARP gives forth murmurous music; and the dance goes on without hands and feet.

It is played without fingers, it is heard without ears: for He is the ear, and He is the listener.

The gate is locked, but within there is fragrance: and there the meeting is seen of none.

The wise shall understand it.

झी...झी करती वीणा बज रही है।
बिना हाथ-पैर के नृत्य हो रहा है।
बिना हाथ के वाद्य बज रहा है।
बिना कान के ही सब सुनाई पड़ रहा है
और वही श्रवण है और वही श्रोता।
द्वार पर ताला लगा है, किन्तु वहाँ की सभा में कोई दिखाई नहीं देता।
सुगन्ध फैल रही है; जो बुद्धिमान जन हैं, वे, इसे समझ लेंगे!

84

मोर फकिरवा माँगि जाए
मैं तो देखहु न पैल्यौं॥
मंगन से क्या माँगिए
बिना माँगे जो देय।
कहैं कबीर मैं हौ वाही को
होनी होए सो होय॥

THE BEGGAR goes a-begging, but I could not even catch sight of Him:
And what shall I beg of the Beggar? He gives without my asking.
Kabir says: 'I am His own: now let that befall which may befall!'

मेरा फ़क़ीर भीख माँग रहा है,
लेकिन मैं तो उसे देख भी नहीं पा रही।
भिखारी से भला मैं किस चीज़ की भीख माँगूँ?
बिना माँगे वह मुझे सब कुछ देने को तैयार है।
कबीर कहते हैं, "मैं तो उनकी ही हूँ;
अब इसमें जो कुछ होना है सो हो!"

85

नैहर से जियरा फाट रे!
नैहर नगरी जिसकै बिगड़ी उसका क्या घर बाट रे।
तनिक जिगरवा मोर न लागै तन मन बहु उचाट रे॥
या नगरी में लख दरवाजा बीच समुन्दर घाट रे।
कैसे कै पार उतरिहौ सजनी अगम पन्थ को पाट रे॥
अजब तरह का बना तंबूरा तार लगै मन मात रे।
खूँटी टूटी तार बिलगाना कोई न पूछत बात रे॥
हँस हँस पूछे मातु पिता सों भोरै सासुर जाव रे।
जो चाहैं सो वोही करिहैं पत वाही के हाथ रे॥
न्हाय खोर दुलहिन होय बैठी जोहै पिय की बाट रे।
तनिक घुँघटवा दिखाव सखी री आज सोहाग की रात रे॥
कहैं कबीर सुनो भाई साधो पिया मिलन की आस रे।
भोर होत बन्दे याद करोगे नींद न आवै खाट रे॥

MY HEART cries aloud for the house of my lover; the open road and the shelter of a roof are all one to her who has lost the city of her husband.

My heart finds no joy in anything: my mind and my body are distraught.

His place has a million gates, but there is a vast ocean between it and me:

How shall I cross it, O friend? for endless is the outstretching of the path.

How wondrously this lyre is wrought! When its strings are rightly strung, it maddens the heart: but when the keys are broken and the strings are loosened, none regard it more.

I tell my parents with laughter that I must go to my Lord in the morning;

They are angry, for they do not want me to go, and they say: 'She thinks she has gained such dominion over her husband that she can have wratsoever she wishes; and therefore she is impatient to go to him.'

Dear friend, lift my veil lightly now; for this is the night of love.

Kabir says: 'Listen to me! My heart is eager to meet my lover: I lie sleepless upon my bed. Remember me early in the morning!'

अपने प्रियतम के घर जाने के लिए मेरे प्राण बिलख रहे हैं।
जिसके पति की नैहर नगरी बिगड़ गई हो,
उसका न तो घर है और न द्वार है,
और न ही कोई राह।
अब मेरा मन तनिक भी कहीं नहीं लगता।
मेरा तन-मन इन सबसे उद्विग्न है।
इस नगरी के लाख दरवाज़े हैं
और इसके और मेरे बीच अतल महासागर फैला है।
अरी सखी, मैं किस प्रकार उस अन्तहीन पथ को पार कर पाऊँगी?

यह वीणा आश्चर्यजनक ढंग से गढ़ी गई है।
इसके तार जब अच्छी तरह कस दिए जाते हैं
तब यह हृदय को उन्मत्त कर देती है।
किन्तु इसकी तंत्रियाँ या खूँटी टूट जाए
या फिर तार ढीले पड़ जाएँ तो फिर इसे कोई नहीं पूछता।

मैं हँस-हँस कर अपने माता-पिता से पूछती हूँ—
कि मैं भोर होते ही ससुराल चली जाऊँगी तो वे गुस्से में भरकर कहते हैं,
"इसने अपनी इच्छा के अनुसार अपने पति पर अधिकार जमा लिया है
और अब यह चाहे जो भी कर सकती है;
इसीलिए यह अपने पति के साथ जाने के लिए उतावली है।"
अरी सखी, तनिक अपना घूँघट तो खोलो;
आज तो तुम्हारी सुहाग रात है।
कबीर कहते हैं, "ओ भई साधो!
आज मेरे प्राण प्रिय मिलन के लिए बेचैन हैं।
मुझे शय्या पर नींद नहीं आ रही।
भोर होने पर तुम मुझे याद करना!"

86

जीव महल में सिव पहुनवा कहाँ करत उनमाद रे।
पहुँचा देवा करिले सेवा रैन चली आवत रे॥
जुगन जुगन करै पतीछन साहब का दिल लागा रे।
सूझत नाहिं परम सुख सागर बिना प्रेम बैराग रे॥
सरवन सुर बूझि साहब से पूरन प्रगटे भाग रे।
कहैं कबीर सुनो भाग हमारा पाया अटल सोहाग रे॥

SERVE YOUR God, who has come into this temple of life!

Do not act the part of a madman, for the night is thickening fast.

He has awaited me for countless ages, for love of me He has lost His heart:

Yet I did not know the bliss that was so near to me, for my love was not yet awake.

But now, my Lover has made known to me the meaning of the note that struck my ear:

Now, my good fortune is come.

Kabir says: 'Behold! how great is my good fortune! I have received the unending cares of my beloved!'

इस जीव के मन्दिर में उसी ईश्वर का वास है!
उसकी सेवा करो!
तुम पागल की तरह व्यवहार मत करो!
वह देखो, रात गहराती जा रही है।
न जाने कितने युगों तक प्रीतम ने मेरी प्रतीक्षा की है।
मेरे प्रेम के प्रति उन्होंने अपना अन्तर लुटा दिया।

जबकि इतने दिनों तक मुझमें प्रेम का भाव नहीं जगा था।
लेकिन अब मेरे कानों में जो सुर बज रहा है,
उसने मुझे प्रियतम के निकट ला दिया है।
आज मेरा सौभाग्य उदित हुआ है।
कबीर कहते हैं, "सुनो, यह मेरा परम सौभाग्य है
कि मैंने प्रियतम का अचल सुहाग प्राप्त किया है।"

87

गगन घटा घहरानी साधो गगन घटा घहरानी।
पूरब दिससे उठी है बदरिया रिमझिम बरसत पानी॥
आपन आपन मेंड़ सम्हारो बह्यो जात यह पानी।
सुरत निरत का बेल नहायन करै खेत निर्व्वानी॥
धान काट मार घर आबै सोई कुसल किसानी।
दोनों थार बराबर परसे जेवें मुनी और ज्ञानी॥

CLOUDS THICKEN in the sky! O, listen to the deep voice of their roaring;

The rain comes from the east with its monotonous murmur.

Take care of the fences and boundaries of your fields, lest the rains overflow them;

Prepare the soil of deliverance, and let the creepers of love and renunciation be soaked in this shower.

It is the prudent farmer who will bring his harvest home; he shall fill both his vessels, and feed both the wise men and the saints.

गगन में घोर घटा छाई हुई है।
आज मेघों की गम्भीर गर्जना सुनो!
पूर्व दिशा से बादल उमड़ रहे हैं,
अनवरत रिमझिम जलधारा बरस रही है।
आज अपने-अपने खेत की मेंड़ सँभालो!
उसे वर्षा को भरपूर बहने दो!
मुक्ति की माटी को तैयार करो
ताकि प्रेम और वैराग्य की लताएँ इस वर्षा में भीग सकें।

वही किसान चतुर हैं, जो धान काटकर अपने घर ला सकें।
अगर वह प्रेम और वैराग्य के अन्न से
पूर्ण पात्र को समान भाव से भर सके,
तभी सज्जन और संतजन तुम्हारे अन्न से
परम तृप्ति प्राप्त कर सकेंगे।

88

आज दिन के मैं जाऊँ बलिहारी।
पीतम साहब आये मेरे पहुना।
घर आँगन लगै सुहावना॥
        सब प्यास लगै मंगल गावन।
        भये मगन लखि छवि मनभावन॥
चरण पखारूँ बदन निहारूँ।
        तन मन धन सब साईं पर वारूँ।
जा दिन आये पिया धन सोई।
होत आनन्द परम सुख होई॥
        साहिब मिलि मोरि दुर्मति खोई॥
सुरत लगी सत नाम की आसा।
कहैं कबीर दासन के दासा॥

THIS DAY is dear to me above all other days, for to-day the Beloved Lord is a guest in my house;

My chamber and my courtyard are beautiful with His presence.

My longings sing His Name, and they are become lost in His great beauty:

I wash His feet, and I look upon His Face; and I lay before Him as an offering my body, my mind, and all that I have.

What a day of gladness is that day in which my Beloved, who is my treasure, comes to my house!

All evils fly from my heart when I see my Lord.

'My love has touched Him; my heart is longing for the Name which is Truth.'

Thus sings Kabir, the servant of all servants.

आज का दिन मेरे लिए सबसे सुखद दिन है,
क्योंकि आज के दिन मेरे प्रियतम मेरे अतिथि बनकर, मेरे घर आए हैं।
मेरा घर-आँगन उनके आगमन से सुहावना हो गया है।
मेरी लालसाएँ उनका नाम गा रही हैं,
वे उनके परम सौन्दर्य में खो गई हैं;
मैं उनके चरण पखारते हुए, उनका रूप निहार रही हूँ।
वह दिन कैसी प्रसन्नता का दिन होता है,
जिस दिन मेरे प्रियतम—मेरे अनमोल धन का आगमन,
मेरे घर में होता है।
मैं जब अपने प्रभु का दर्शन करती हूँ
तो मेरे अन्तर का सारा कलुष धुल जाता है।
मेरे प्रेम ने उन्हें स्पर्श किया।
मेरा हृदय उनका सत्यस्वरूप नाम पाने को आकुल है—
तभी कबीर, दासों के दास, गाते रहते हैं।

89

कोई सुनता है ज्ञानी राग गगन में, अवाज होती पीनी।
सब घट पूरण पूर रहा है, सब सूरन के खानी॥
जो तन पाया खंड देखाया, तृस्ना नहीं बुझानी।
अमृत छोड़ खंड रस चाखा तृस्ना ताप तपानी॥
ओ अंग सो अंग बाजा बाजे सुरत निरत समानी।
कहैं कबीर सुनो भाई साधो यही आद की वाणी॥

IS THERE any wise man who will listen to that solemn music which arises in the sky?

For He, the Source of all music, makes all vessels full fraught, and rests in fullness Himself.

He who is in the body is ever athirst, for he pursues that which is in part:

But ever there wells forth deeper and deeper the sound 'He is this—this is He'; fusing love and renunciation into one.

Kabir says: 'O brother! that is the Primal Word.'

क्या ऐसा कोई ज्ञानी है, जो गगन में
गूँज रहे गम्भीर संगीत को सुन रहा है
वही है, जो समस्त संगीत का स्रोत है
और जो समस्त पात्रों को परिपूर्ण करता है,
एवं परिपूर्णता में विराजता है।
वह, जो सदैव दैहिक रूप से प्यासा है,
जो कुछ भी प्राप्त करता है, आंशिक ही होता है।
किन्तु जो कूप गहन होता है

वह अत्यन्त गम्भीर स्वर में प्रतिध्वनि करता है—
कि वह 'यही है वह...यही है वह'
प्रेम एवं वैराग्य को एक संग लिये।
कबीर कहते हैं, "अरे भाई सुनो, यही आदि वाणी है।"

90

मैं कासे बूझौं, अपने पिय की बात री।
कहैं कबीर, बिछुड़ नहिं मिलिहौ,
ज्यों तरवर छोड़ वन धाम री॥

TO WHOM shall I go to learn about my beloved?

Kabir says: 'As you never may find the forest if you ignore the tree, so He may never be found in abstractions."

मैं अपने प्रियतम के बारे में किससे जान पाऊँगी?
कबीर कहते हैं, "वृक्ष की अनदेखी कर जैसे अरण्य को नहीं पाया जा सकता, वैसे ही उन्हें अमूर्तनों में कभी नहीं पाया जा सकता।"

91

संसकिरित भाषा पढ़ि लीन्हा
ज्ञानी लोग कहो री।
आशा तृस्ना में बहि गयो सजनी
काम के ताप सहो री॥
मान मनी की मटुकी सिर पर
नाहक बोझ मरो री।
मटुकी पटक मिलो पीतम से
साहब कबीर कहो री॥

I HAVE learned the Sanskrit language, so let all men call me wise: But where is the use of this, when I am floating adrift, and parched with thirst, and burning with the heat of desire?

To no purpose do you bear on your head this load of pride and vanity.

Kabir says: 'Lay it down in the dust, and go forth to meet the Beloved. Address Him as your Lord.'

मैंने संस्कृत भाषा सीख ली है,
ताकि सारे लोग मुझे ज्ञानी बताते फिरें।
लेकिन इसका उपयोग कहाँ है,
जबकि मैं तृष्णा में बह रहा हूँ।
मेरा कंठ प्यास से सूख रहा है
और कामना के ज्वार से जल रहा है।
फिर तो तुम्हें अपने सिर पर गर्व और गरिमा का
बोझ उठाए रखना व्यर्थ है।
कबीर कहते हैं, "इस बोझ को धरा-धूल में पटक दो!
अपने प्रियतम से मिलो और उन्हें अपना प्रभु कहकर पुकारो!"

92

चरखा चलै सुरत विरहिन का॥
काया नगरी बनी अति सुन्दर
महल बना चेतन का।
सुरत भावरी होत गगन में
पीढ़ा ज्ञान रतन का॥
मिहीन सूत विरहिन कातैं
माँझा प्रेम भगति का।
कहैं कबीर सुनो भाई साधो
माला गूँथौ दिन रैन का।
पिया मोर ऐहैं पगा रखिहैं
आँसू भेंट देहौं नैन का॥

THE WOMAN Who is parted from her lover spins at the spinning wheel.

The city of the body arises in its beauty; and within it the palace of the mind has been built.

The wheel of love revolves in the sky, and the seat is made of the jewels of knowledge:

What subtle threads the woman weaves, and makes them fine with love and reverence!

Kabir says: 'I am weaving the garland of day and night. When my Lover comes and touches me with His feet, I shall offer Him my tears.'

अपने प्रियतम से बिछुड़ी विरहिणी चरखा चला रही है।
यह काया नगरी अत्यन्त सुन्दर रचना प्रतीत होती है
और इसमें चैतन्य का प्रासाद गढ़ा गया है।
प्रेम का चक्का गगन में घूम रहा है,

और इसका पीढ़ा (आसन) ज्ञान के रत्नों से बना है।
विरहिणी अत्यन्त महीन सूत कात रही है
और इस पर प्रेम और भक्ति का माँझा चढ़ा रही है।
कबीर कहते हैं, "मैं दिन और रात सूत की माला गूँथा करती हूँ।
जब मेरे प्रेमी आएँगे और अपने चरणों का स्पर्श मुझे प्रदान करेंगे,
तब मैं उन्हें अपने आँसू समर्पित करूँगी।"

93

कोटिन भानु चन्द्र तारागन
छत्र की छाँह रहाई।
मन में मन नैनन में नैना
मन नैना इक हो जाई॥
सुरत सोहागिन मिलत पिया को
तन कै तपन बुझाई।
कहैं कबीर मिले प्रेम पूरा
पिया में सुरत मिलाई॥

BENEATH THE great umbrella of my King millions of suns and moons and stars are shining!

He is the Mind within my mind: He is the Eye within mine eye.

Ah, could my mind and eyes be one! Could my love but reach to my Lover! Could but the fiery heat of my heart be cooled!

Kabir says: 'When you unite love with the Lover, then you have love's perfection.'

कोटि-कोटि सूर्य, चन्द्र एवं तारे—
मेरे महाराज के छत्र नीचे शोभित हैं।
वे मेरे अन्तर में अन्तरतर बनकर,
और मेरे नयन में नयन बनकर विराज रहे हैं।
अगर मेरे मन और नयन एक हो पाते,
तब क्या प्रेम-सुहागिन अपने प्रियतम तक पहुँच जाती?
और तब मेरे अन्तर की दाह अपनी तपन बुझा लेती!
कबीर कहते हैं, "प्रियतम संग अपने प्रेम के मिलन से ही
तुम परिपूर्ण प्रेम प्राप्त करोगी।"

94

अवधू बेगम देस हमारा।
राजा रंक फकीर बादशा, सबसे कहौं पुकारा॥
जो तुम चाहो परम पदे को, बसिहो देस हमारा।
जो तुम आए झीने होके, तजो मन की भारा॥
ऐसी रहन रहो रे प्यारे, सहज उतर जाव पारा।
धरन अकास गगन कुछ नाहिं नहीं चन्द्र नहीं तारा॥
सत्त धर्म्म की हैं महताबे, साहब के दरबारा।
कहैं कबीर सुनो हो प्यारे, सत्त धर्म्म है सारा॥

O SADHU! my land is a sorrowless land.
I cry aloud to all, to the king and the beggar, the emperor and the fakir—
Whosoever seeks for shelter in the Highest, let all come and settle in my land!
Let the weary come and lay his burdens here!

So live here, my brother, that you may cross with ease to that other shore.
It is a land without earth or sky, without moon or stars; For only the radiance of Truth shines in my Lord's Durbar.
Kabir says: 'O beloved brother! naught is essential save Truth.'

ओ साधु, मेरे देस में कोई दुख नहीं।
राजा, कंगाल, बादशाह और फ़क़ीर—
सबको मैं ऊँची आवाज़ देकर बुला रहा हूँ।
जो परम पद के शरणागत हैं,
वे हमारे यहाँ आकर इस देस में वास करें!
जो भी थके-हारे आए हैं, वे यहाँ अपने बोझ उतार दें!

इसलिए ओ मेरे भाई, यहाँ इस तरह रहो,
जिससे कि सहज ही उस पार उतरा जा सके।
वहाँ की धरती पर धरा और गगन कुछ भी नहीं है;
वहाँ न तो चाँद है, और न तो तारे।
वहाँ प्रभु के दरबार में केवल सत्य की ज्योति दीप्यमान है।
कबीर कहते हैं, "सुनो ओ भाई,
सत्य को बचाने के लिए रिक्तता ही सर्वथा उपयुक्त है।"

95

साईं के संगत सासुर आई॥
संग न रही स्वाद न जानौ गयो जोबन सुपने कि नाईं।
सखी सहेली मंगल गावें दुख सुख साथे हरदी चढ़ाई॥
भयो विवाह चली बिन दूलह, बाट जात समधी समझाई।
कहैं कबीर हम गबने जैबे, तरब कंत लै तूर बजाई॥

I CAME with my Lord to my Lord's home: but I lived not with Him and I tasted Him not, and my youth passed away like a dream.

On my wedding night my women-friends sang in chorus, and I was anointed with the unguents of pleasure and pain:

But when the ceremony was over, I left my Lord and came away, and my kinsman tried to console me upon the road.

Kabir says, 'I shall go to my Lord's house with my love at my side; then shall I sound the trumpet of triumph!'

स्वामी के संग मैं उनके घर तो आई;
लेकिन उनके संग नहीं रही और न प्रेम का स्वाद ही ले पाई;
स्वप्न की तरह मेरा यौवन ढल गया।
शादी की रात मेरी सखी-सहेलियों ने मंगलगीत गाया था,
सुख-दुख के हल्दी-चन्दन का उबटन लगाया था।
लेकिन जब विवाह सम्पन्न हुआ तो मैं स्वामी को छोड़ चली आई।
नाते-रिश्तेदारों ने मुझे यह ढाढ़स बँधाया।
कबीर कहते हैं, "आज मैं अपना प्रेम संग लिये स्वामी के घर जाऊँगी
फिर अपने पति को लेकर विजय तूर्य बजाऊँगी।"

96

समझ देख मन मीत पियरवा
आसिक होकर सोना क्या रे।
पाया हो तो देले प्यारे पाय-पाय फिर खोना क्या रे॥
जब अँखियन में निन्द घनेरी तकिया और बिछौना क्या रे।
कहैं कबीर प्रेम का मारग सिर देना तो रोना क्या रे॥

O FRIEND, dear heart of mine, think well! if you love indeed, then why do you sleep?

If you have found Him, then give yourself utterly, and take Him to you.

Why do you lose Him again and again?

If the deep sleep of rest has come to your eyes, why waste your time making the bed and arranging the pillows?

Kabir says: 'I tell you the ways of love! Even though the head itself must be given, why should you weep over it?'

अरे बन्धु, ओ मेरे प्रिय, समझ-बूझकर देखो!
अगर तुमने सचमुच प्रेम किया है
तो फिर गहरी नींद में क्यों हो!
अगर तुमने उसे पाया है तो स्वयं को उसे पूरी तरह सौंप दो।
तुम उसे बार-बार क्यों खो देते हो!
अगर आँखों में गहरी नींद समाई हो
तो बिछावन और तकिये की चिन्ता में
अपना समय क्यों बर्बाद करते हो?
कबीर कहते हैं, "मैं तुम्हें प्रेम की राहें सुझा रहा हूँ।
अगर सिर देना ही है तो इसके लिए रोना-धोना कैसा?"

97

साहब हम में साहब तुम में
जैसे प्राणा बीज में।
मत कर बन्दा गुमान दिल में
खोज देख ले तन में॥
कोटि सूर जहँ करते झिल मिल
नील सिंध सोहै गगन में।
सब ताप मिट जायँ देही कै
निर्म्मल होई बैठी मैं जग में॥
अनहद घंटा बजै मृदंगा
तन सुख लेहि पियार में।
बिन पानी लागी जहँ बरषा
मोती देख नदीन में॥
हक प्रेम ब्रह्मंड छाय रह्यौ है
समझै बिरले पूरा।
अन्धा भेदी कहा समझैंगे
ज्ञान के घर है दूरा॥
बड़ो भाग अलमस्त रंग में
कबिरा बोलै घट में।
हंस उबारन दुख निबारन
आवागमन मिटै छिन में॥

THE LORD is in me, the Lord is in you, as life is in every seed.
O servant! put false pride away, and seek for Him within you.
A million suns are ablaze with light,
The sea of blue spreads in the sky,
The fever of life is stilled, and all stains are washed away; when I sit in the midst of that world.

Hark to the unstruck bells and drums! Take your delight in love!

Rains pour down without water, and the rivers are streams of light.

One Love it is that pervades the whole world, few there are who know it fully:

They are blind who hope to see it by the light of reason, that reason which is the cause of separation-

The House of Reason is very far away!

How blessed is Kabir, that amidst this great joy he sings within his own vessel.

It is the music of the meeting of soul with soul;
It is the music of the forgetting of sorrows;
It is the music that transcends all coming in and all going forth.

स्वामी मुझमें हैं और स्वामी तुममें हैं,
जैसे कि समस्त बीज में प्राण विराजता है।
अरे मन-ही-मन झूठा गर्व मत करना,
अपने में ही उनका सन्धान कर देखो!
जहाँ कोटि-कोटि प्रकाशवान सूर्य प्रज्वलित हैं
और नील सागर जहाँ गगन पर्यन्त प्रसरित है।
जहाँ प्राणों के समस्त दुख ताप मिट जाते हैं
और कलुष धुल जाते हैं, जब भी मैं निर्मल होकर उस जग में बैठा हूँ।
सुनो, अनहद के घंटे और मृदंग बज रहे हैं,
तुम प्रेम का आनन्द प्राप्त करो!
बिना जल के जहाँ वर्षा हो रही है;
नदी के मध्य ज्योति की धारा प्रवाहित हो रही है।
यह एकमात्र प्रेम ही है जो सम्पूर्ण विश्व को छाए हुए है,
और जिसे कोई विरला ही समझ जाता है।
जो तर्क बुद्धि के द्वारा इसको समझना चाहता है,
वह अन्धा है, वह इस बात को कैसे समझेगा?
कारण यह है कि उसके लिए तर्क वियोग का कारण है।
कबीर कितना भाग्यवान है कि वह अपने देह-पात्र के मध्य गा रहा है।
यह वह संगीत है, जो आत्मा के संग मिलन कराता है।
यह वह संगीत है, जो समस्त दुखों को भुला देता है।
यह वह संगीत है, जो समस्त आवागमन से मुक्त कर देता है।

98

रितु फागुन नियरानी
　　　　कोई पिया से मिलावै।
पिया का रूप कहाँ तक बरनूँ
　　　　रूपहि माहिं समानी।
जो रंग रँगे सकल छवि छाके
　　　　तन मन सभी भुलानी॥
जों मत जाने जहि रे फाग है
　　　　यह कुछ अकथ कहानी।
कहैं कबीर सुनो भाई साधो
　　　　यह गत बिरले जानी॥

THE MONTH Of March draws near: ah, who will unite me to my Lover?

How shall I find words for the beauty of my Beloved? For He is merged in all beauty.

His colour is in all the pictures of the world, and it bewitches the body and the mind.

Those who know this, know what is this unutterable play of the Spring.

*Kabir says: 'List*en to me, brother! there are not many who have found this out.

आह, फागुन माह निकट आ गया,
कोई है जो मुझे मेरे प्रियतम से मिला दे?
मैं अपने प्रियतम के सौन्दर्य का बखान
किन शब्दों में करूँ?
वे तो समस्त सौन्दर्य में समाए हुए हैं।
विश्व की समस्त छवियाँ उन्हीं के रंगों में रँगी हैं।

और जो तन-मन को मोह लेती हैं।
जो इस रहस्य को जानता है
उसे पता है कि यह बसंत लीला अकथनीय है।
कबीर कहते हैं, "अरे भाई सुनो,
विरले ही जन हैं, जो इसे जान पाते हैं।"

99

नारद प्यार सो अन्तर नाही॥
प्यार जागै तौहि जागूँ
प्यार सोवे तब सोऊँ।
जो कोई मेरे प्यार दुखावै
जड़ा मूल सो खोऊँ॥
जहाँ मेरा प्यार जस गावै
तहाँ करौं मैं वासा।
प्यारे चल आगे उठ धाऊ
मोहि प्यार की आसा॥
बेहद्‌द तीरथ प्यार के चरनन
कोट भक्त समाय।
कहैं कबीर प्रेम की महिमा
प्यारे देत बुझाय॥

OH NARAD! I know that my Lover cannot be far:
When my Lover wakes, I wake: when He sleeps, I sleep.
He is destroyed at the root who gives pain to my Beloved.
Where they sing His praise, there I live;
When He moves, I walk before Him: my heart yearns for my Beloved.
The infinite pilgrimage lies at His feet, a million devotees are seated there.
Kabir says: 'The Lover Himself reveals the glory of true love.'

हे नारद, मैं जानता हूँ कि प्रियतम मुझसे दूर नहीं हो सकते।
जब मेरे प्रियतम जगते हैं तो मैं भी जगती हूँ,
जब वे सोते हैं तो मैं भी सोती हूँ।

अगर कोई मेरे प्रियतम को कष्ट देता है
तो वह समूल नष्ट हो जाता है।
लोग जहाँ उनका गुणगान करते हैं,
वहाँ मैं भी उपस्थित रहती हूँ
जब वे चलने को होते हैं,
मैं उनके आगे-आगे दौड़ती हूँ।
मेरा हृदय अपने प्रियतम के लिए तड़पता रहता है।
मेरी असीम तीर्थयात्रा उनके चरणों में स्थित है :
जहाँ उनके लाखों भक्त बैठे हैं।
कबीर कहते हैं, "सच्चा प्रेम क्या है,
इसे प्रियतम स्वयं समझा देते हैं।"

100

कोई प्रेम की पेंग झुलाओ रे॥
भुज के खंभ और प्रेम के रस से
तन मन आज भुलाओ रे।
नैनन बादर की झर लाओ
श्याम घटा उर छाओ रे॥
आवत आवत श्रुत की राह पर
फिकर पिया को सुनाओ रे।
कहत कबीर सुनो भाई साधो
पिया को ध्यान चित लाओ रे॥

HANG UP the swing of love to-day!

Hang the body and the mind between the arms of the Beloved, in the ecstasy of love's joy:

Bring the tearful streams of the rainy clouds to your eyes, and cover your heart with the shadow of darkness:

Bring your face nearer to His ear, and speak of the deepest longings of your heart.

Kabir says: 'Listen to me, brother! bring the vision of the Beloved in your heart.'

आज प्रेम के झूले में बैठकर पेंग भरो!
प्रियतम की बाँहों के बीच अपने तन-मन को
प्रेम के आनन्दोत्सव में झुलाओ :
अपनी आँखों से वर्षा के मेघों की अश्रुपूर्ण धारा बहाओ!
साथ ही, अन्धकार की छाया से अपने अन्तर को ढक लो :
अपने प्रियतम के निकट जाकर, उनके कानों में,

अपने अन्तर की अतल उत्कंठा जताओ!
कबीर कहते हैं, "अरे भाई सुनो!
अपने हृदय में प्रियतम के ध्यान को स्थान दो।"

परिशिष्ट

कबीर के पद

(पद की प्रथम पंक्ति अकारादिक्रमानुसार)

अपमान-वर

(रवीन्द्रनाथ ठाकुर)

भक्त कबीर की देस भर में सिद्ध पुरुष के नाते प्रसिद्धि है।
उनकी कुटिया को लाखों नर-नारी घेरे खड़े हुए हैं।
कोई कहता, "मेरे रोग को दूर करने का मंत्र पढ़ दें!"
कोई बाँझ स्त्री संतान के लिए रो-धो रही है।
कोई बोल रहा है, "आप अपनी दैवी शक्ति से ईश्वर-दर्शन कराओ।"
कोई कहता है, "दुनिया में विधाता है इस बात को साबित करो।"

दोनों हाथ जोड़ कबीर रोते हुए, प्रभु से विनती करते हैं,
"हरि तुमने बड़ी कृपा की, मुझे नीच के घर में जनम दिया,
सोचा था, तुम्हारी अपार कृपा से कोई पास नहीं भटकेगा,
लोगों की आँखों से बचकर मैं केवल तुम्हारे पास रहूँगा।
ओ मायावी, यह कैसा कौशल है जिससे मुझे छल रहे हो।
दुनिया भर के लोगों को घर बुलाकर, तुम भाग तो नहीं रहे हो।"

नगर में जितने भी ब्राह्मण थे, वे घोर रुष्ट हो उठे—
यवन जुलाहे की चरण धूल पाने को, लोग नहीं जुटें।
चार चरण चल कलियुग आया, पाप का बोझा लादे,
अब इसका प्रतिकार किए बिन अपनी रक्षा कठिन लगे।
ब्राह्मण दल ने जुगत भिड़ाई, एक पतिता नारी के साथ
उससे गुपचुप मंत्रणा कर, सोना सौंपा उसके हाथ।

आए थे हाट के दिन, कबीर बुने कपड़े बेचने,
सहसा कामिनी सबके सामने उन्हें पकड़कर लगी रोने,
"अरे झूठे, निष्ठुर कपटी, मैंने कहा नहीं कुछ किसी से

क्या ऐसे ही किया जाता है धोखा, भोली-भाली स्त्री से।
बिना दोष के मुझे छोड़कर, बड़े साधु बने हुए हो
कुछ खाए और पहने बिन, मेरी देह पड़ गई काली।"

पास खड़ा था वह ब्राह्मण दल जताता कोप
"अरे धूर्त तपस्वी, धर्म के नाम पर तू कर रहा धर्मलोप।
आराम से बैठ झोंक रहा धूल लोगों की आँखों में
यह बेचारी अबला अकेली, फिर रही अन्नाभाव में।"
कबीर बोले, "मैं अपराधी हूँ ओ नारी, मेरे घर चलो—
अन्न रहते तुम क्यों भूखी-प्यासी पड़ी रहोगी?"

उस दुष्टा को घर लाकर बड़े विनय और आदर से
कहा कबीर ने "इस ग़रीब के घर तुमको भेजा है हरि ने।"
तब वह स्त्री लाज, भय और पछतावे में भरकर बोली—
"लोभ में पड़कर मैंने किया है पाप, मैं मरूँगी साधु के शाप से।"
कबीर बोले, "डरो मत माई, तुमने नहीं किया कोई अपराध—
तुम लाई हो मेरे माथे का भूषण—अपमान और अपवाद।"

मिट गया स्त्री के मन का विकार, मिला चेतना का दान—
सौंप दिया उसके मधुर कंठ में, हरिनाम गुणगान।
इधर देस में फैल गया—कपटी है कबीर उसकी साधुता झूठी है
कबीर ने सिर झुकाकर कहा, "मैं सबसे बड़ा नीच हूँ।
मेरी नाव पा जाए ठाँव, बस कुछ नहीं चाहिए मुझे।
तुम यदि मेरे ऊपर रहो, मैं पड़ा रहूँगा सबसे नीचे।"

राजा के मन साधु की गाथा सुन मिलने का कौतूहल जगा
जब साधु ने सिर उठाया तो दूत ने उन्हें चलने को कहा।
कबीर बोले, "मैं रहता हूँ सवा हाथ दूर सबसे, अपनी हीनता में
मेरे-जैसा अवहेलित जन नहीं सोहेगा, राजसभा में।"
कहा दूत ने, "तुम न गए, तो टूट पड़ेगी आपद मुझ पर
राजा में जगी है तुम्हें देखने की साध, तुम्हारा यश सुनकर।"

राजा बैठे थे राजसभा में, सभासदों की पाँत से घिरे
हाजिर हुए कबीर वहाँ उस नारी को साथ लिए।

कोई हँसा कोई भौचक था कोई सिर को झुकाए हुए
राजा ने सोचा, यह कैसा निर्लज्ज, घूम रहा स्त्री को संग लिये।
पाकर संकेत द्वारपालों से साधु को बाहर किया।
कबीर विनत भाव से, स्त्री के संग चले अपनी कुटिया।

पथ में खड़ा था ब्राह्मण दल, कौतूहल में हँसता,
विद्रूप वचन कहता और कठोर व्यंग्य कसता।
तब रमणी रोती हुई साधु के चरणों पर गिर पड़ी—
बोली, "पाप के पंक से क्यों तुमने मुझे उबारा,
क्यों इस पतिता को घर में रखकर झेल रहे अपमान।"
बोले कबीर, "जननी, तुम जो ठहरी मेरे प्रभु का दान।"

नैवेद्य, 1901 ई.

(अनु : डॉ. रणजीत साहा)